金教授和熊猫妈妈

给父母的儿童思维必修课

金立◎著

海南出版社

·海口·

图书在版编目（CIP）数据

给父母的儿童思维必修课 / 金立著 . -- 海口 : 海南出版社 , 2023.1

（金教授和熊猫妈妈）

ISBN 978-7-5730-1021-6

Ⅰ . ①给… Ⅱ . ①金… Ⅲ . ①智力游戏 – 儿童读物 Ⅳ . ① G898.2

中国国家版本馆 CIP 数据核字（2023）第 009643 号

给父母的儿童思维必修课

GEI FUMU DE ERTONG SIWEI BIXIUKE

作　　者：金　立
策划编辑：吴　键
责任编辑：庄秀颜
海南出版社　出版发行
地　　址：海南省海口市金盘开发区建设三横路 2 号
电　　话：（0898）66822109
印刷装订：杭州巨星印务有限公司
开　　本：787 mm × 1092 mm　1/16
印　　张：11.5
字　　数：157 千字
版　　次：2023 年 1 月第 1 版
印　　次：2023 年 1 月第 1 次印刷
书　　号：ISBN 978-7-5730-1021-6
定　　价：59.00 元

儿童思维能力的提升，父母是关键。

让我们大手牵小手，共同开启提升儿童

思维能力的探索之旅吧！

序

当别人的孩子已经会 10 以内的加法，而自己的孩子连数字都还不认识的时候，家长常常会想，别人的孩子那么聪明，那是因为基因好。果真是这样吗？纯粹是先天发挥的作用吗？进一步探究后会发现，如果没有父母快人一步地教孩子识数和算数，孩子先天再聪明也不可能会，所以后天教育必不可少。

美国明尼苏达大学耗时 30 年对同卵双生子进行研究后进一步证明：基因决定着孩子大脑的结构，而后天的经验和养成习惯决定着孩子脑中神经回路的连接。孩子一生下来，先天就与后天合力发挥作用了，先天是潜能，后天是对潜能的调动和激发。可是，我们可以改变先天吗？如果不能，那么将失败与成功皆诉诸先天的做法又有何实践价值？有关先天与后天在孩子成长中所占百分比的讨论又有何意义？对于并非从事科学研究的家长来讲，需要做到的是：**先天差异固然存在，但后天是我们可以把握的，科学有效地教育孩子、开发孩子智力，这便是用正确的方法做正确的事。**

而那个被称赞的孩子的家长，也应该客观地问问自己：孩子在算数方面很突出，可是在语言等方面又表现如何呢？毕竟，聪明不能仅表现在数学上吧！如果孩子在抽象思维上已经显示出了优势，那我们是否需要更多地关注孩子在形象思维上的发展？反之亦然。我认为，对于成长期的孩子而言，扬长避短只是功利的短视，只有补短才能扬长，否则那些被习惯性地认为可以被“规避”的短处就会成为阻碍发展的绊脚石，思维的均衡发展才是王道。**思维的均衡发展 = 补短 + 扬长。**

思维是人类所具有的一种高级认知活动。恩格斯曾把“思维着的精神”誉为“地球上最美的花朵”。思维离不开外部世界，毛泽东曾在《实践论》

中指出："任何知识的来源，在于人的肉体感官对客观外界的感觉……"对于刚刚与世界建立起联系的儿童来讲，一切都是新奇的，带着孩子多走走、多看看，孩子会在感知五颜六色、精彩纷呈的世界的过程中不知不觉地发展思维。**感知，是儿童思维发展的一把金钥匙。**

思维离不开语言。语言既是思维的工具，也是思维的结果。人类学研究成果表明：人类语言诞生的时期恰是人类大脑容量快速激增的时期。因此，在儿童成长的早期，要有意识地将思维与语言结合在一起，通过孩子说出来的话洞悉孩子的思维状态，让孩子借助听、说、唱等提升思维能力。语言是思维的一种呈现，也可以说，**语言是思维发展的一件华丽外衣。**

思维的发展是一个长期的、循序渐进的过程。大脑和思维每时每刻都处于变化之中，从人一生下来直到生命结束。由此，有脑科学家宣称：持续永久的创新是思维的最典型特征。孩子的思维发展对于家长来说，是一项持久的、有难度的事，不是三天半个月就能完成的。对此，能否坚持？如何坚持？这是对家长的考验。家长在这项考验中的成绩会直接转化为孩子成长的推动力。爱因斯坦说过，"耐心和恒心总会得到报酬的"。**坚持，是儿童思维发展的一股强劲动力。**

"为什么"可能是儿童最常问的问题，因为她 / 他初来乍到，对世界充满了好奇。孩子每一次有趣的发问，都是由好奇心、感知力、想象力、思考力和表达力等众多因素共同发起的，思维水平也由此得到跳跃性提升。**好问，是儿童思维发展的最有效的方式之一。**

感知、语言、坚持、好问，构成了儿童思维发展的四个关键词。带着这样的认识和孩子一起阅读这套"金教授和熊猫妈妈"丛书吧，相信一定都会有收获的。让我们一起努力吧！

金立

2022 年 10 月 5 日于杭州

目录

第 1 课　跳出惯性思维——9 块蛋糕怎么分？

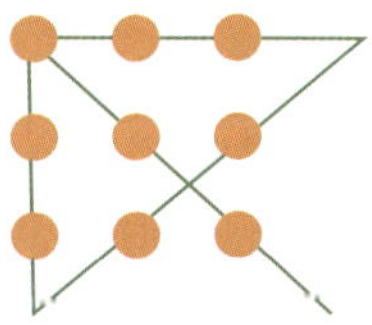

第 2 课　超越思维局限——九子图

第 3 课　打破思维边界——“井”字游戏

第 4 课　走出思维混乱——“三个 w”思维三部曲

第 13 课　好的问题是成功的开始

第 14 课　用正确的方法做正确的事

第 15 课　三观决定人生的高度

熊猫妈妈有两个孩子，熊猫哥哥刚上初中一年级，熊猫妹妹才上幼儿园中班。最近，她因为两个孩子的成绩而感到十分焦虑。

金教授是浙江大学逻辑学系教授、浙江省逻辑学会副会长、中国逻辑学会形式逻辑专业委员会和语言逻辑专业委员会副主任，对儿童思维发展颇有研究心得。因此，熊猫妈妈想，也许金教授能帮助她更好地发展孩子的思维能力，让孩子跟上其他孩子的脚步。

第 1 课 跳出惯性思维

——9块蛋糕怎么分？

熊猫妈妈：“我打算让熊猫哥哥每天背单词，让熊猫妹妹每天认字。”

金教授：“为什么突然这么想？”

熊猫妈妈：“因为昨天和闺蜜聚会，她们聊到自己的孩子不是在学英语就是在认字。”

金教授：“哦！是因为大家都这样做吗？那我来给你讲个‘9 块蛋糕’的故事，看看是否能帮你从‘大家都这样做’的观念中抽身出来。我们若能帮助孩子跳出惯性思维，就能让孩子在好奇心的激发下，插上想象的翅膀，勇于独立思考与判断，推动孩子问题思维、直觉思维、发散性思维的共同发展……”

1 “9 块蛋糕”的故事

一个孩子过生日，他跟父亲一起去选蛋糕，最后选中了一个蛋糕。

可是，店主却说：“这个蛋糕我不想卖了，你们换一个吧。”

孩子说：“好不容易选中了，就卖给我们吧。”

店主说：“我们来做一个游戏吧！我出一道题，如果你可以做出来，就能随意选蛋糕，甚至可以免费送给你；如果做不出来，你就放弃。怎么样？”

孩子说：“好吧。”

店主出了这样一道题（见下图）。

然后店主又说：“如果你能完成这道题，就可以任选一个蛋糕；完不成的话，就请放弃。我劝你现在就放弃，因为根本完不成。”

孩子的父亲听到这里十分生气，他压制着自己的怒火说：“我们换个地方买吧，又不是没有别的蛋糕店了。”

可是，孩子说：“爸爸，如果现在就走了，我们就真的输了，我这个生日就会过得很不开心。我们能不能想一想？”

孩子想了一会儿，说：“叔叔，你拿得出这样的 4 个盒子吗？ 3 个一模一样大；第四个要大一些，但要有那 3 个小盒子叠起来那么高。如果你拿得出来，我就做给你看；拿不出来，你就输了。”

店主听了觉得很不可思议，他认为孩子不可能赢，但他还是想看看孩子会怎么做，于是店主费了很大劲儿才找出了 4 个这样的盒子。

孩子在 3 个一样大的盒子中各放了 3 块蛋糕，然后把盒子叠起来，再慢慢地塞到那个更大的盒子里。孩子一边盖盒子一边说：“这样可以让买蛋糕的人一下子把 9 块蛋糕都拿走，因为分层装了，不会被挤压或搞坏，要吃的时候可以一盒一盒地打开，也不至于为了吃一块蛋糕而把所有的蛋糕都搞得乱七八糟。叔叔，我真的很喜欢这个蛋糕，你就卖给我吧。”

听到这里，我们会怎样想？

很多人会说这个孩子好可爱，好有勇气。今天是他的生日，他理应获得生日的祝福，店主太过分了，何必为难他？就同意吧！这是情感在起作用，但仅仅感性的回答是不够的。

继续想下去，这个孩子的解答到底合不合理？

细想之后，我认为孩子的解答是非常合理的。

首先，考察一下这道题出现的场景。它并没有出现在小学数学的教科书里，它也没有出现在小学生的期末考卷中。如果这道题是出现在数学的教科书或试卷里，就必须严格遵守数学意义上的平均，9 除以 4 得 2，还余下一个 1，那么正确答案就是：不可能做到。

但是，今天这个故事不是发生在数学的语境里，它出现在买卖蛋糕的生活场景里，是由于店主自身的情绪所导致的一个难题。这是一个情感事件，掺杂了太多情绪的表达，它不是理性的数学可以完全应对的。因此，我们有理由放宽一下数学的规则，为生活实践留下一点突破的余地。

其次，既然是游戏，游戏的趣味性恰恰就在于公平。如果从公平的角度看，既然允许一个成年人违反数学的规则出一道没有答案的题目去为难一个孩子，难道就不能允许一个孩子超越固定思维给出全新的答案吗？

既然允许一道题非常规地产生，就应该允许这道题被非常规地解决。否则，谁出题谁就必胜无疑。立足于公平性原则和故事所发生的语境，我完全认同孩子的解答。

果然，故事的结局是，店主被孩子的解答所折服，不但给了他蛋糕，还为他送上了生日祝福。他说："孩子，你非常聪明，而且那么有勇气，希望你每年生日时都到我的店里来取一个蛋糕。"

❷ 是什么在悄悄地起作用？是惯性思维！

这就是发人深省的"9 块蛋糕"的故事。故事讲完了，我们由此能想到些什么呢？在这样一个故事场景里，店主、孩子还有孩子的父亲，谁的表现更出色？当然是孩子。

为什么我们在生活中经常听到这样的话："这是不可能的！这怎么可能？这永远也不可能。"但是没过多久，那些不可能都变成了可能呢？

为什么随着年龄的增长、阅历的丰富、经验的积累，我们越来越容易说出"这是不可能的"，而不是说"这是可能的"呢？我们到底怎么了？

从这个故事出发，我想引出对惯性思维的思考。在现实世界里，一个成年人的身上往往有着比孩子多得多的惯性思维，它也常常被称为"思维定势""常规性思维"或"大众思维"。

这种思维有它存在的必然性，某种意义上它体现了经济学原则。一件事情发生后，我们不必每次都具体地分析，而是自然地从记忆里去寻找并提取一种相似的经验然后直接复制。这是一种便捷而轻松的行为，它有存在的必然。

惯性思维对常规思维是有利的，它可使思考者在处理同类问题时少走弯路。然而，惯性思维也有它的弊端。特别是当我们处理一些新情况时，惯性思维就会变成“思维枷锁”，阻碍我们用新观念、新方法、新思路去创造性地解决问题，使人失去创新的源泉和发展的动力。

在生活中我们经常能听到或看到如下三句话：

1 大家都是这样的，我就这样做了。

⇩

这是从空间上寻求一种依托。

2 过去一直是这样做的，我就继续下去了。

⇩

这是从时间上给自己一个借口。

3 张三是这样的，张三和我是好朋友，我也这样了。

⇩

这是基于两个个体的相似性做出的简单类推。

并非说，别人怎么样，我就一定不要怎么样；过去是怎么样，现在就一定要改变；张三是这样的，我偏偏不这样。我这样做，不是因为大家是这样的，也不是因为过去是这样的，更不是因为张三是这样的，而是因为我自己要这样做。

我要做一件事情，主要的原因是我自己，而不是其他外在因素。这样的人生是自己的人生，是自我设计的人生。与之相反，惯性思维容易使我们产生思想上的惯性，养成一种呆板、机械、千篇一律的思维习惯。这种习惯体现在解题上，容易让我们陷入死胡同而找不到出路；这种习惯作用于社会，可能会阻碍社会的创新与发展；这种习惯作用于人生，则可能会抑制生命的勃勃生机和无限的可能性。

3 沉浸式儿童思维教育："想象力五瓣花"

我们先给孩子讲一个故事。

有位老农把一头大水牛拴在一个小小的木桩上。路人感到很奇怪，于是上前问老农："大伯，你这样拴，它不会跑掉吗？"

老农呵呵一笑，语气十分肯定地说："它不会跑掉的，从来就是这样拴着它的。"

路人有些迷惑，忍不住又问："为什么不会呢？就这么一个小小的木桩，牛只要稍稍用点力，不就挣脱出来了吗？"

这时，老农笑着答道："我告诉你吧，这头牛小的时候就被拴在这根木桩上了。刚开始，它也不是那么老实待着的，有时也会撒野想从木桩上挣脱。但是，那时它的力气小，折腾了一阵子还是在原地打转，后来见到实在没法挣脱，它就放弃了。"

"再后来，它长大了，却再也没有心思跟这个木桩斗了。即便是我喂它草料时，故意把草料放在它够不到的地方，它也不会挣脱木桩去吃草的，只不过是叫两声，就站在原地呆呆地望着草料。你说有意思吗？"

请问，是什么束缚了这头牛呢？

讲出答案之前，还是让我们先看看美国康奈尔大学的威克教授曾做过的一个实验吧。

把 6 只蜜蜂和 6 只苍蝇分别装进两个玻璃瓶中，然后将瓶子平放，瓶口打开，让瓶底朝着窗户。结果发生了什么情况呢？你会看到，蜜蜂不停地想在瓶底找出口，一直到它们力竭身亡或饿死；而苍蝇则会在不到两分钟的时间里，穿过另一端的瓶口成功逃出。

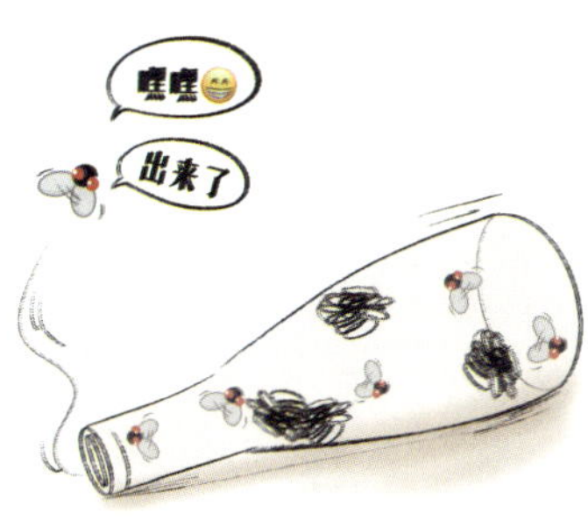

为什么苍蝇能找到出路，而蜜蜂却只会认命？

蜜蜂和苍蝇截然不同的命运告诉了我们什么？

在蜜蜂的思维里，玻璃瓶的出口必然会在光线明亮的地方。可怜的蜜蜂一味坚持着自己的习惯，不停地重复着这种“合乎逻辑”的行动，即使面对无法逾越的瓶底也不回头，最后只能陷于困境。

相反，苍蝇对事物的逻辑毫不在意，也没有固定的习惯，且热衷于多方尝试，一旦发现此路不通便立即改变方向。这种误打误撞的方式反而增加了逃出去的概率，幸运地获得了自由和新生。

回到之前的问题。其实，**约束这头牛的并不是那个小小的木桩，而是牛用惯性思维为自己设置的精神枷锁。**

在一个固定的环境中待久了，便会形成一种固定思维模式，习惯用固定的角度来观察和思考事物。正如例子中蜜蜂的思维导致了它们死亡，牛的思维束缚了它的一生，每个人也都在不同程度地被自己的惯性思维所左右。

那么，如何打破惯性思维呢？

激发想象力是关键！

想象力构成了智力的重要部分，是人类独有的高阶能力，是知识进化的源泉，推动着社会进步。很多人终其一生只运用了大脑想象区大约15%的空间，开发大脑应该从想象开始。

家长可以通过生活实践，让孩子走进大自然，去听，去看，去模仿，增加想象的素材。当我们问孩子："天上的云像什么？""像一块棉花糖。""像我爷爷放的一群绵羊。"这些回答都得益于生活实践赋予的想象力。

当然，我们还可以通过舞蹈、音乐、美术、表演等艺术活动，让孩子在培养审美的同时扩大想象空间，张开想象的翅膀。艺术本身就是源于生活而超越生活，是对生活世界的一种想象。当我们问孩子："你从这首歌里听出了怎样的情感？怎样的画面？这幅画在我们的身边有类似的场景吗？"此时，孩子的每一个回答都是对想象力的调动和激发。

此外，讲故事、做游戏和玩玩具都是有助于孩子提升想象力的实践活动。

想象力与问题思维（大胆假设，小心求证）、直觉思维（顿悟）、发散性思维（一个问题多种答案）等密切相关。想象力提升了，其他的也就一并增强了。这些因素都是打破惯性思维所必备的前提，而想象力是关键。

我们试着和孩子一起做"想象力五瓣花"的训练吧！

1 听觉的想象力训练

雨声听起来像什么？瀑布的声音如何描述？海浪拍岸的声音让你想到了什么？妈妈的高跟鞋走在地上发出怎样的声音？

2 视觉的想象力训练

要抓住机会让孩子描述一片草地、一簇灌木、一株苹果树、一条河流，以及日出时的天空、冬天的白雪世界……当然，也可以让孩子把这些画出来。

3 嗅觉的想象力训练

一朵玫瑰花的香气是怎样的？和青草的味道一样吗？苹果的香甜你喜欢吗？让孩子描述自己喜欢的味道并说说各种味道给自己带来的感受。

4 触觉的想象力训练

让孩子描述各种触觉经历，比如风吹过脸、水从指尖流淌、手握冰块、拉着妈妈的手、躺在爸爸的怀里等。

5 叙事的想象力训练

让孩子改编故事，或者给个开头让孩子续讲故事。开头如：

星期一的早晨，幼儿园小（1）班的教室里，小朋友们正安安静静地等着老师来上课，可是，小红的位置却是空着的……

鸭妈妈对鸭宝宝说："你去向鸭哥哥学习游泳吧。"鸭宝宝说："我怕呛水，也怕水太冷。"……

彤彤呆呆地看着自己刚刚拿回家的积木，心里想：糟糕！这不是我的呀！虽然我一直都很想拥有这盒积木，可是……

听觉、视觉、嗅觉、触觉，还有叙事也就是语言，从这 5 个方面一起激发孩子的想象力，如同 5 片不同颜色的花瓣，合成一朵绚丽的五瓣花。我们就把这种儿童思维训练方式称为"想象力五瓣花"吧！

第 2 课 超越思维局限

——九子图

熊猫妈妈又兴冲冲地来找金教授了。

金教授一开门，熊猫妈妈就十分高兴地汇报好消息：“听了您关于自我设计人生的话，我启发熊猫哥哥：‘你不是说长大以后想从事汽车制造工作吗？可若是英语不学好，以后可就查阅不了英文资料，也不能跟国外专家交流探讨，这样就很难成为一位优秀的汽车制造者。’熊猫哥哥听后自己主动说要每天坚持背单词。一周下来，他还是蛮坚持的，我相信他这个学期的英语成绩肯定能提高！”

金教授赞同道：“同样是背单词，是出于自发，还是因为别人都这样而从众，效果是很不一样的。”

金教授说：“那真是要恭喜你啦，我们要培养并鼓励孩子独立思考。我这儿刚好有一道题，你今天不妨也来做一做，也许会有新的收获。”

1 经典的九子图困境

九子图，也称为“九点连线”，是一道著名的数学题，但同时也被无数心理学家引用，被公认为头脑风暴的必备题目。为何？因为它极大地体现了我们思维的局限以及当思维的局限被突破以后的豁然开朗的状态。

九子图题目要求：

1 用 4 条直线把所有 9 个子连接起来；

2 不能移动任何子；

3 连线必须一笔完成；

4 连线画完前，笔不能离开纸面。

你也可以拿出家里的围棋在棋盘上摆起来试试。

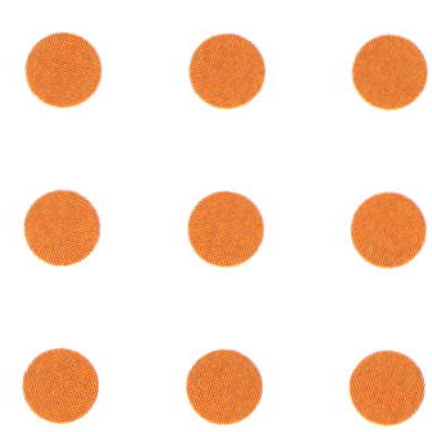

如果不加任何暗示的话，大家马上会行动起来，不管是用手指画，还是眼随心走。一般来说，我们会从左上角的子开始走横线至右上角的子，这时一条直线用掉了。

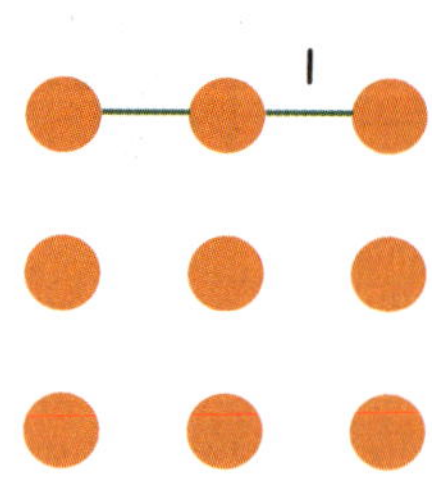

然后向下拐 90° 下行至右下角的子，第二条直线用掉了。

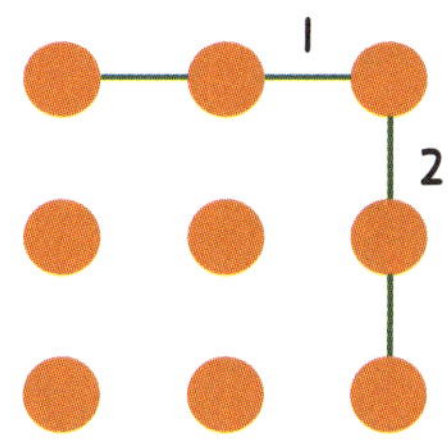

然后向左行至左下角的子，第三条直线用掉了。

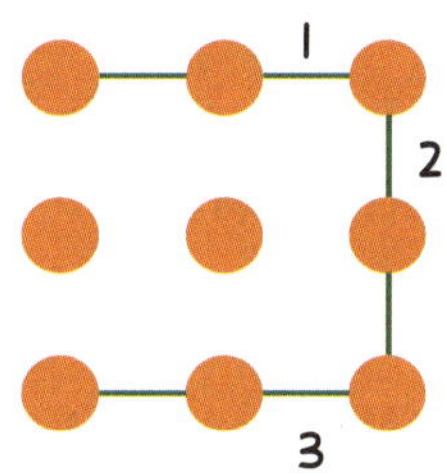

再上行至左边中间的子，这时 4 条线已全部用完了，可是居中的子却还没有连起来，需要第五条线。

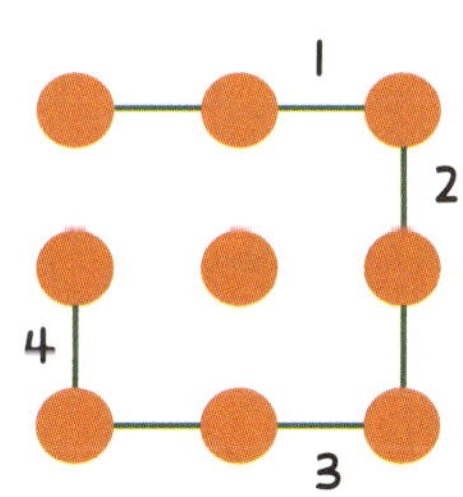

这是最常规的做法，我们会不自觉地遵守如下几条规则：

1 优先考虑横线和竖线而不是斜线。

⇩

这是受方正思维习惯影响。

2 从左到右，从上至下。

⇩

这是受方块汉字的书写方式的影响。

3 线条从子开始至子结束，也就是说，线段在 9 个子里。

⇩

这是受几何线段知识的影响。

这些是在生活和教育的潜移默化下形成的常规思维，因此让大家做九子图题时，第一时间这样想的人占了很高的比例。

大家知道，用 5 条直线是很容易做到的，如下图。

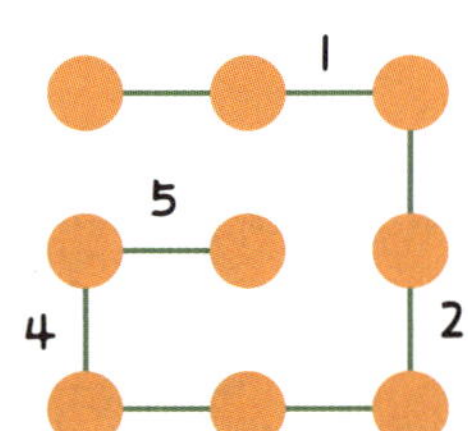

显然，这样用 4 条直线是不可能连成的。怎么办呢？必须另辟蹊径。

首先，直角拐弯不行，可以试试走对角线。

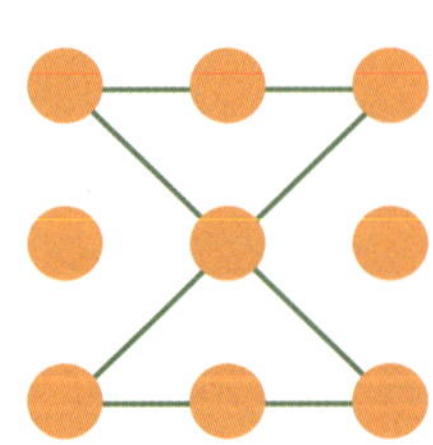

还不行！那就看看线段超过子会如何，然后再试试线段长短不一会如何。

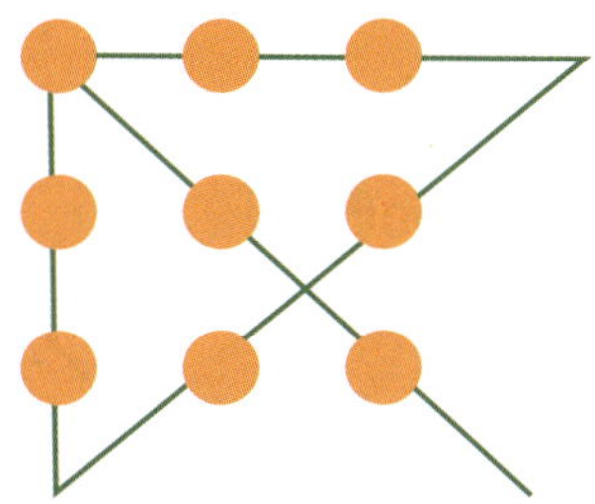

果然行得通！ 4 条直线将 9 个子完美地连了起来。不仅如此，我们可以继续想下去，这个图形有几种实现的路线呢？不想不知道，一想吓一跳：有 4 种！

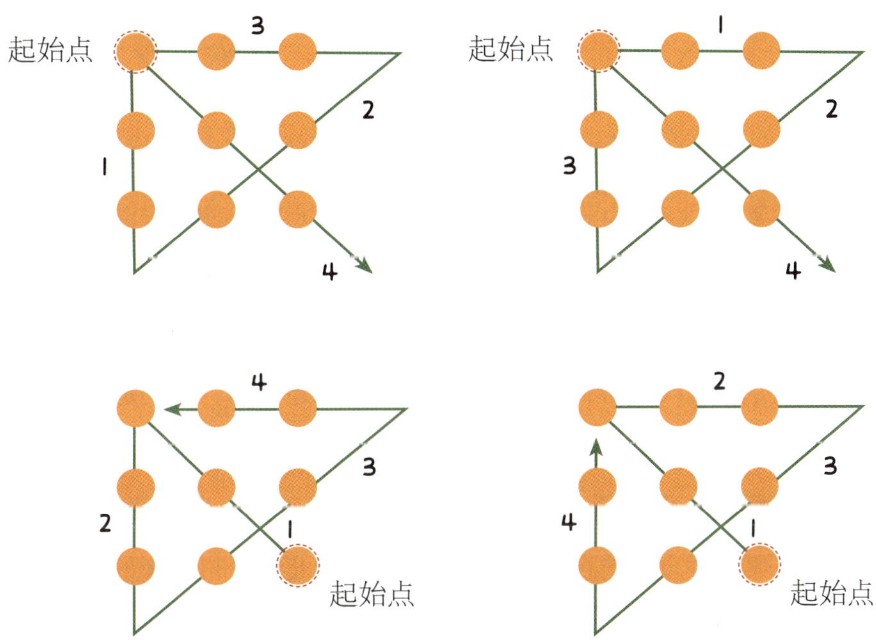

原来思考的空间有这么大，真的是脑洞大开。我们再挑战一下，难道只有上面的一种连线法吗？哪里只有一种啊，居然有 4 种。没有想到吧！其实在第一种的基础上旋转 90° 即可，不信就试试看。

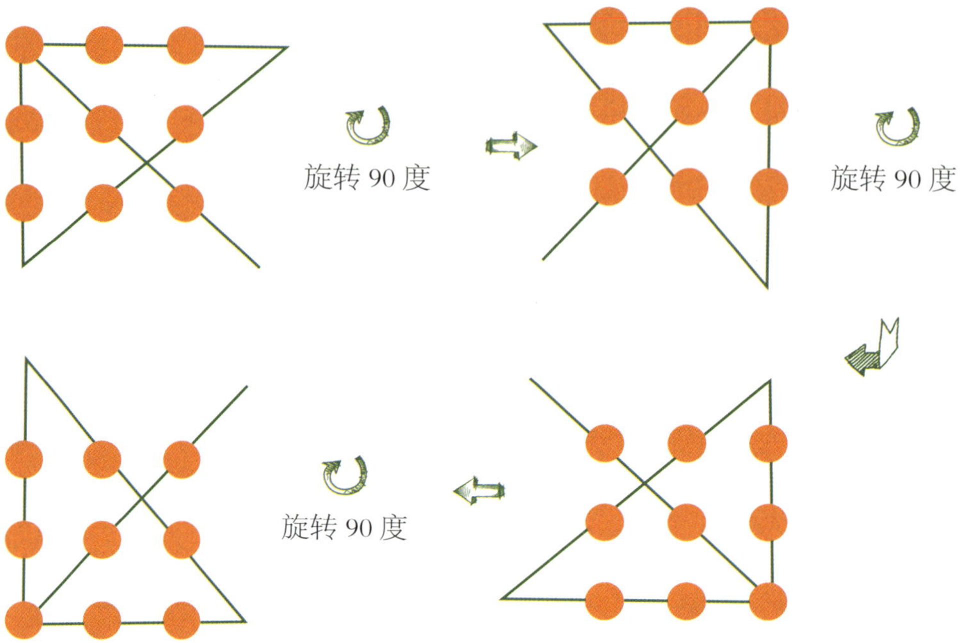

上面 4 个图形，我们想到更多的是第一种，这里面仍有惯性思维在不动声色地发挥着作用。因为第一种是从左上角那个点开始的，符合方块汉字从左到右、从上到下的书写顺序。事实上，惯性思维一直在影响着我们，常常能帮助我们高效地解决问题，但是，全然不知地为之所困，就成了障碍了。

显然，这道题既没有更改题目，也不是脑筋急转弯，更不是什么深奥莫测的奇思怪想，公布答案的那一刻你会发现是如此的简单明了。可是为何之前却一筹莫展呢？

这个答案后面真正的意义是什么呢？我们总是在一贯以来形成的经验、常识下生活和思考，预设信息的存在往往影响着我们的思与行。

什么是预设？预设又称为前提，指的是说话者在说出某个语段或句子时所做的假设，即说话者为保证句子或语段的合适性需满足的前提。它是由德国哲学家、现代逻辑奠基人弗雷格于 1892 年提出的。

这里，我们来举两个例子：

“这只鸟的翅膀很漂亮”预设“鸟有翅膀”。

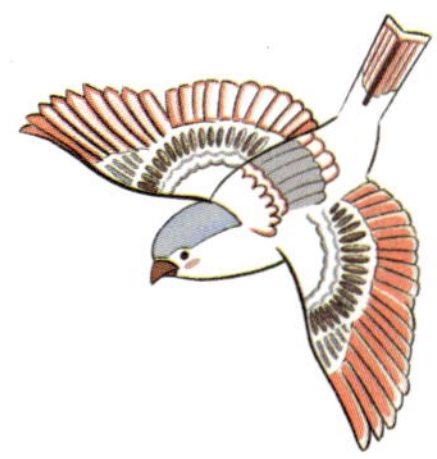

“抽烟有害健康，所以要尽量减少”预设“健康是人们共同的追求”。

可是，预设一定靠得住吗？当无法解决问题或者我们的做法行不通时，就需要冷静地思考，检查一下思维中包括的预设是否正确。

每个人的话语中都蕴含着不同的预设。因此，一方面要善于去剖析别人思维底层里的预设，从而去把握他的意思；另一方面要勇于直视隐藏在自己思维深处的预设前提，从而做出更理性的思考与判断。

同理，每一个学说和思想体系都是建立在一系列预设前提的基础上的。例如，20 世纪著名的两大物理学理论——爱因斯坦的相对论和量子力学就建立在不同的预设之上，前者的预设是“世界是确定的”，后者的预设是“世界是不确定的”。所以，批判一套思想体系最有效的途径就是找到他的预设前提，对其加以质疑和反驳。这时，对方就会陷入一种必须继续追溯自己的预设前提并为之建立更为真实的论证的困境。如果做不到为自己的预设提供进一步的论证，就只能反复陷在自己的学说里，被人们揭露其逻辑上的“循环论证”，或者丢盔弃甲认输。这就是理性的力量。

当我们在讨论某人是否有智慧时，或许会面临纷争，争论的本质就在于两人对智慧的理解所构成的预设不同。一个认为智慧就是恰到好处、四平八稳的折中之道；另一个认为智慧是理性客观的思考和行动。前者多一点东方哲学的“心”，后者多一点西方哲学的“知”；前者多一点伦理和情感，后者多一点规则和论证。

其实，生活中充满了预设，让我们来看看下面这两个例子。

以上左图女儿的话预设着“妈妈一直很爱自己”，妈妈的话预设着“女儿一直很爱自己”；右图女儿的话预设着“妈妈已经不止一次忘记讲故事了”，妈妈的话预设着“女儿已经不止一次偷懒没有做数学练习了”。这些话语里的预设都是共知的，是她们俩的对话得以顺利进行的前提。这样的例子还有很多，你能跟孩子一起找一找吗？

不得不说，正确的预设，既是理性认识的结果，也是其基础。我们可以教导孩子：理智地反思自己，敏锐地观察对方，才有可能突破思维的局限性，探知更广阔的世界。

2 培养孩子的预设认知

思维是人脑的机能，是对外部现实的反映。语言则是思维的工具，思维和语言相互依存，相互促进。人类学的研究结果表明：对人类大脑发展起到决定性作用的事件，在继“直立行走”“火的发现”之后便是“语言的诞生”，语言的发展和脑容量激增是同频发生的。因此，思维和大脑的奥秘就在语言里。

也就是说：要发展孩子的思维，要开发孩子的大脑，途径之一就是借助语言。如何洞悉包裹在语言之中的复杂语义，如预设，这不仅与生活经验有关，还是一个不折不扣的认知问题。预设有助于孩子培养语言的敏感度，增强表达的精确度，锻炼思维的反应力。

为了帮助孩子渐渐形成对预设的认知，让我们给孩子讲一个故事吧。

有两家卖粥的小店，门店相邻，每天顾客的数量和服务质量都差不多，但结算的时候总是一家粥店的销售额高于另一家。

为何？探其究竟，原来效益好的那家粥店的服务员为客人盛好粥后，总问：“加一个鸡蛋还是两个？”而另一家粥店的服务员总问：“加不加鸡蛋？”

请孩子思考：这两种问法有什么差别？

第一种问法，预设了顾客是一定要加鸡蛋的，通过问话把这种预设变成了一种行为的导向。因此，顾客考虑的是加几个鸡蛋，一般来讲，只要不是特别反感鸡蛋都会加。

而第二种问法，预设的是加不加鸡蛋由顾客自由选择。因此，顾客考虑的自然是要不要加鸡蛋，在没有强烈的思维导向下，如果不是很喜欢，一般会回答“不用了”。

就这么简单。因为有效地利用了预设进行巧妙提问，第一家粥店不知不觉地多卖了鸡蛋，增加了销售额。

与此相似，当我们问：“你还在继续热衷于游戏吗？”不论对方回答是还是否，都无法消解问话里的预设——你一直热衷于游戏。

当警察问：“你认为那个黑脸的人是凶手吗？”不论回答是还是否，都预设了回答者认识那个黑脸的人，否则他应该回答：“我不知道你说的那个黑脸的人是谁。”

当幼儿园的老师布置一道家庭作业“请画画你的爸爸”的时候，预设了每个孩子都有爸爸。对于一个没有爸爸的孩子来说，这道题是无法完成的。

诸如此类，不胜枚举。它们都说明：**预设真实存在于我们的身边并发挥着自己的作用。**

思维是语言的内容，语言是思维的物质外壳。由此，预设常常包裹在语言里，预设是增加语言的神秘性与复杂性的一个重要因素。通过认知预设从而增加对语言的理解和敏感度，是提升智力水平和沟通能力的好方法。

同时，正确地认知预设还有助于我们避免进入思维的误区，从而超越思维的局限。

3 沉浸式儿童思维教育：游戏培养超越思维

我们该如何获取超越思维呢？让我们和孩子一起来做一道题吧！

将一张 8 开的报纸铺在地上，如何做到两个人面对面站在上面而伸手却碰不到对方？注意，不允许把报纸剪开或撕开。可以做到吗？

面对这道题，我们的第一反应是：既然要碰不到，那么就背对背，可是题目明明写着要“面对面”，因此此路不通；那么让两个人面对面脚站在地上然后各自身体向后靠，一直靠到双方碰不到对方，这样可以吗？如果伸手也碰不到，这似乎需要两个人都有往后靠却不倒的稳定性，这样的解题思路貌似也是不对的。那怎么办呢？答案其实非常简单：只需要将报纸放在一扇门的下面，然后关上门即可，这样两人可以稳稳地站在上面，而身体被门隔着，怎么碰得到呢？

我们绞尽脑汁，答案却是如此简单！让我们陷入困境的不是这张纸太小，而是我们思维的局限——对“碰不到”的常规理解。我们是在思维的局限里兜圈子。**只要我们勇于超越思维的局限，我们就可以为认识打开更大的空间。**

相信大家都听过这样一个故事：

一名记者在农村看见一个正在放羊的小孩，于是上前问他：“你的理想是什么？”

小孩回答说：“放羊！”

“羊儿喂大了干什么？”

“卖钱！”

“有了卖羊儿的钱要干什么？”

“娶老婆！”

“娶老婆干什么？”

“生小孩！”

“生小孩干什么？”

“放羊！”

相信所有的父母都会为这个孩子惋惜：“这个孩子的世界太小，他陷入了自己的循环思维之中。”这个对话流传甚广，反复被引用，为何？它形象而直白地说明了思维的局限性会导致目标的局限性，目标的局限性最终导致行为的局限性，从而影响人生中的各种选择。对世界认识的局限性是构成思维局限性的重要因素。因此，不是“这个孩子的世界太小”，而是“孩子认识中的世界太小了”。故事中，放羊的小孩的整个对话都是基于他对世界的理解：放羊—挣钱—娶老婆—生小孩—再放羊。这样的世界就构成了他整个思维的边界，把他框在了里面。

接下来，让我们和孩子一起对喝水的杯子进行超越性思考吧。

为什么要选择杯子呢？

因为它的发展历程反映了超越性。

我们可以引导孩子，从颜色、材料、造型等方面，讨论一下杯子的发展历程：

从单纯装水、装酒到装各种液体并赋予它不同的形状和特色；

从单纯追求实用性到不断增加装饰感和舒适感；

从单一的材质到不断选用各种新材质；

从单一的容器发展成过滤、保温、净化的“养生保健”的宠儿。

这些都贯穿了杯子的整个发展历程和创新过程。

接着，我们可以通过提问来引发孩子的多样性思考。

提问！

杯子一定是用来装水的吗？
人们一定需要杯子吗？
如果有一天人们不需要杯子了，那会怎样？
它还会存在吗？

人体一定需要水，这是必然，但是不一定是用杯子喝。杯子本身就是人类创造出来的概念和对象，它可以被创造，也可以被替代。

至此，孩子大概可以明白，杯子需要不断被定义。

无论是对“面对面站着，伸手碰不到对方”的理解，还是放羊娃“放羊—挣钱—娶老婆—生小孩—再放羊”的循环怪圈，还是杯子的“前生后世”，都说明突破思维的局限是让我们的认知和行动实现超越的必经之路。

《小王子》中有这么一句话：真正重要的东西，眼睛是看不见的。

人的思考会屈从于一种前提性假设，也就是认知预设，它默默地发挥着看不见的力量。孩子在生活和学习的过程中，获得了积极意义上的知识与方法，开启了智慧的大门，但是，这些知识与方法又会悄悄地变成一种固化、程式化的存在，反过来约束孩子成长的灵活性与创造力。正如同一棵树苗壮成长的同时，也会在地上留下阴影。

无疑，知识和方法是成长的力量，但是本身又会形成一些固化的因素捆绑住孩子的成长。

孩子学习数学的同时，构建了数的理性思维，学会了用数和图形去分析世界，这自然是好事。可是，如果把世界完全抽象成一个纯数字化的世界，毫无人情冷暖，那就陷入了机械主义。毕竟，这个世界除了物理性，还有丰富绵长的情感。

同理，孩子学习语文的同时提升了情感思维和审美情操，但是，只有感性思维是不足以正确地对待人生、认识世界的。因此，我们既要鼓励孩子努力学习知识，也要帮助孩子拓展思维，超越知识。只有不被它束缚，才能获得更多的进步和成长。

第3课 打破思维边界

——“井”字游戏

熊猫妈妈：“熊猫哥哥昨天去秋游了，回来很苦恼！”

金教授：“为什么呢？”

熊猫妈妈：“老师让他们用捡回来的落叶拼出美丽的秋天，可他昨天只捡了一种红色的叶子，怎么拼都觉得不够好看。”

金教授：“孩子的思维可能陷入了僵局，变通的办法有不少。”

熊猫妈妈：“啊，确实如此。我们被自己的思维框住了。”

金教授：“我们会不自觉地用自己的知识规则去划定思维的边界。但如果一味地将自己框在里面，就失去了创造的能力。因此，在合适时，我们要鼓励孩子走出思维的边界，勇于突破，实现更大的可能，开创更大的世界。”

古老的“井”字游戏

俗话说：“没有规矩不成方圆。”社会运行、个人生活均需要规则，绝大多数父母也都期望孩子未来成为一位明理守则的人。同理，科学研究和认识活动也必须遵守规律规则，并依托已有的规则去发现新的规则。由此可见，规则是我们赖以生存的重要依据。但是，正因为规则是由人制定的，它在发挥自己积极作用的同时也可能会限制我们的发展。

对规则本身的质疑和突破，无论是科学活动还是社会变革，高度的思维能力和不凡的勇气担当在这些过程中竞相呈现，而一次次绝处逢春的美好机遇也就常常产生于此。

比如，哥白尼反对“地心说”，提出“日心说”更正了人们的宇宙观，并在一定程度上改变了人类对自然、对自身的看法。

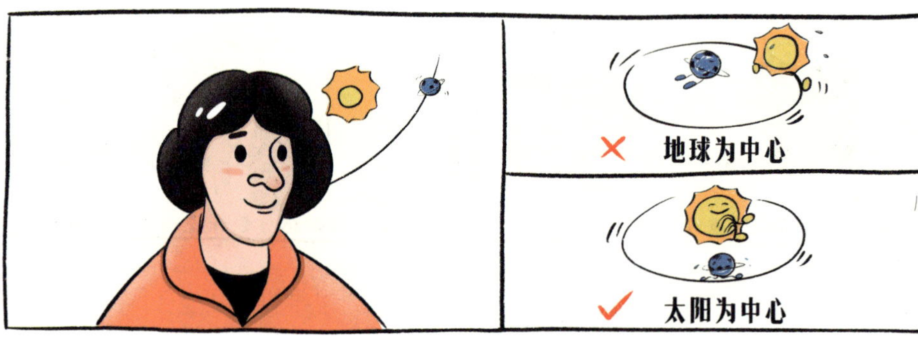

两千多年前，商鞅不顾贵族和地主的反对，主张废除井田制，推行土地私有制，为秦国经济的发展和国力的增强奠定了坚实的基础。

麦哲伦率领的船队完成了人类首次环球航行，用实际行动证明了“地球是圆的”，打破了长期以来大多数人对地球形状的固有认知。

康德将哲学两千多年来对“外部世界”的考察转向对“自身能力的反思”，从而大大推进了哲学的发展。

还有大家熟悉的蜚声世界的四大发明——指南针、造纸术、印刷术、火药。

指南针

造纸术

印刷术

火药

可以说，“建立规则—打破规则—再建立新规则”这便是人类社会进步与发展的内在规律。

让我们一起来看一个传统的“井”字游戏吧。

“井”字游戏：

两个玩家，一个打圈（〇），一个打叉（×），轮流在3乘以3的格上打自己的符号，最先以横、竖、斜线连成一线则为胜。如果双方都下得正确无误，将得平局。这个游戏实际上是由第一位玩家控制的，第一位玩家是攻，第二位玩家是守。如下图，假定先从打圈者开始。先下者棋高一着，〇率先连成一线，因此打圈者获得了胜利。

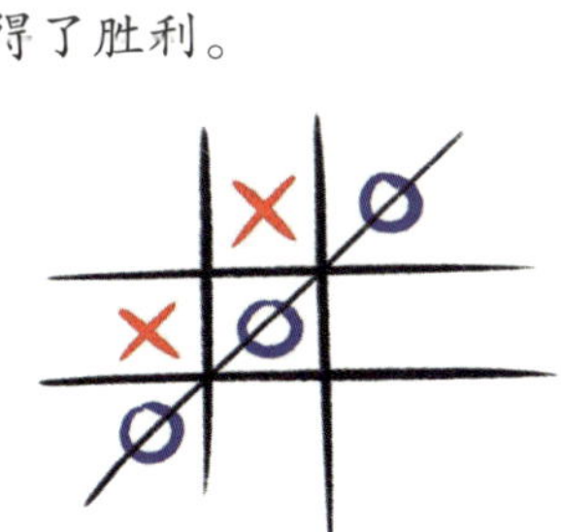

如果都是优秀的玩家就会发现：假设两个玩家都做出最好的选择，这个游戏是一定会平局的。如下图，仍旧先从打圈者开始，两个回合后打成了平

手。不如家长和孩子一起玩下去，看看怎样才能达成平局。

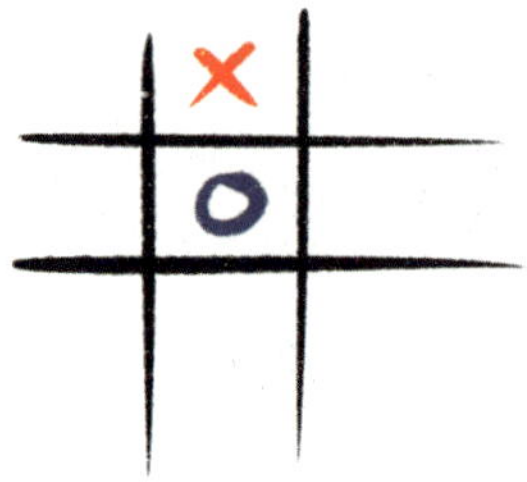

第1回合

第2回合

“井”字游戏，是一个相当不错的儿童思维训练益智游戏。

如果我们将其改版为团队游戏：

分成两队，每个队3～5人，每个队准备3个道具，轮流在“井”字格子上摆自己的道具，最先以横、竖、斜线连成一线则为胜。

玩法没有改变，却增加了团队互动，提高了团队协作沟通能力。当孩子已经能够做到双方均为优秀的玩家而下成平手的时候，这款游戏的使命也就完成了。之后，我们就可以将游戏升级为五子棋，继续高强度地训练孩子的逻辑计算、统筹协调、谋篇布局的综合思维能力了。

“井”字游戏存在着一个不可克服的困局：如果是两名优秀的玩家，则难分高下，这也构成了这个游戏的一个短板——无法更大化地激发孩子对游戏的兴趣和开发智力。单纯从游戏考虑，五子棋就可以轻松弥补这一不足。这样的困局似乎也普遍存在于我们的现实生活中，我们可以将游戏设想成：

两个竞争者或竞争团队，针对一个学习任务展开竞争，双方只能有一方胜出。当双方都足够优秀而势均力敌时，决出胜负就成了一个“不可能完成的无情的难题”。

这时候，要么有违公平地偏袒一方，要么全部否决而陷入无情的境地。除此之外，还有其他的可能吗？如果我们敢于挑战规则，便可能找到更多的出路成功破局。而这仅仅是“井”字游戏带给现实生活中的我们的启发，并不能作用于“井”字游戏本身。规则作为游戏的核心，是不可以随意更改的，这恰恰是游戏的精髓所在。讲清楚这点后，我们可以与孩子一起做出如下几种大胆的尝试。

第一种情况：为什么我不可以多下一手？

我们必须做更多的功课！

我们不是常说“笨鸟先飞”“早起的鸟儿有食吃”吗？勤能补拙是更直白的表达。为了做同样一件事情，每个人花费的时间和精力从来都是不同的，每个人做的准备也从来都不一样。因为每个人的能力和条件是不一样的，每个人对结局的期待也不一样。

有的人精心布局，周密谋划，勤勤恳恳，踏踏实实；有的人随随便便，吊儿郎当，零敲碎打，盲目自信。成功总是留给有准备的人，当我们多想一点，早做一步，做细一些，成功就离我们近一点。

第二种情况：为什么我不可以与对手合作？

我们完全可以成为合作者！

“只能一方胜出”的规则或许会成为我们思维的巨大障碍。在社会生活中，人和人之间往往不是敌我关系，他们或许有一些利益相争和个人价值情感的偏好，但仍然有成为合作者的可能。当双方势均力敌很难决出胜负或者各有所长但均不够完备的时候，“必有一方赢”的结局就可能成为泡影，此刻我们需要跳出规则想一想：

难道一定要有人输吗？为什么不可以合作而让大家都没有白费劲？与对方合作，优势互补，利益共享，或许是当下最合理的方案。

一个人在众多对手中获胜的概率很低，如果能寻求与强有力而又合适互补的对手合作，就能大大提高获胜的概率，并且有能力将事情做得更好。

合作意识对于孩子的成长来讲是非常重要的。在合作的意识下，我们才会去克服自己的狭隘、自私、怯懦、内向，打开自己，学会与别人交往，在交往中学习提高，从而塑造更好的自己。

合作意识的培养不仅需要家长日常的引导，经常参加团队性活动和游戏也是很好的方式。孩子可以在打球、捉迷藏、跳绳、野餐、夏令营等各种实践中，快乐地参与到团队合作中，并享受团队合作带来的快乐。

第三种情况：为什么我不可以自己定义输赢？

我们要更多维地理解输赢。

“虽然我输掉了这个任务，但是我却收获了经验和对自身不足的理性认知。”“虽然我赢了这个项目，但是我们却付出了惨痛的教训。”**一个成熟的人，要善于在输赢面前做出多维的解读。**

同理，在人生这个赛场上，每个人对输赢的理解也是不同的。有人认为功成名就是胜利，有人却认为平安健康是胜利；有人认为非富即贵是胜利，有人却认为拥有自由和情感才是胜利。

人生是选择的结果，做出怎样的选择，是每个人自己的事。当选择不只有唯一而可以多样化的时候，游戏、人生的胜利者就不再只有一个，每个人都可以成为自己意义上的胜利者。正如当个大学老师，既可以一心做学问获得学术声誉，也可以一心扑在教学上获得学生的点赞，还可以投身行政管理为改善教育环境做贡献……

凡此种种，没有对和错，有的只是拓宽了的自由和幸福。在自己选择的道路上行走，自然轻松愉悦；社会在多样的道路上发展，自然能实现圆满。

第四种情况：为什么我一定要参与这个游戏？

我们要好好想想这个游戏对于我的价值。

人生就是不断的选择，具体而言就是选择了什么以及如何去践行自己的选择。在有限的时间里，我们只能做有限的事。如何在繁忙、复杂的现实世界里确定自己生命的航线？这需要我们具备选择的能力。我真的需要参与这个游戏吗？它给我带来的终究是什么？是否还有更值得去奋力一搏的事呢？如果目前我还不具备做好这件事的能力，我可否先沉下心来好好历练和积累，等到一切水到渠成了，我再来做这件事也不失为上策？

❷ 徐文长的行酒令

同理，当孩子面对一道数学题束手无策时，是不是因为没有正确地理解题意呢？孩子背诵单词或唐诗总是容易忘记，是不是因为没有找到诀窍呢？当我们面临僵局时，可否停下想想规则本身？有可能突破点就在这里。

对此，我们或许可以从绍兴才子徐文长酒令得胜的故事中得到一些启发。

一次，徐文长和几个朋友一起喝酒，等菜上齐了大家决定玩个游戏，借此来捉弄徐文长。

游戏规则如下：

桌上一共摆了6盘菜，大家按照年龄大小行酒令，每个酒令要说出一个名人典故，只要名人典故和桌上的菜肴有关，就可以独享这盘菜，否则没菜吃。

前面6个人抢着说出各种名人典故，如“姜太公钓鱼”“张飞卖肉”等。

轮到第七个徐文长时，6盘菜都没了。

大家都笑嘻嘻地看着徐文长，仿佛在说："徐文长，你不是才子吗？这下看你怎么办。"

徐文长不慌不忙地说："秦始皇吞并六国！"

大家都只想用一个典故赢一盘菜，而徐文长却想用一个典故拿下6盘菜，他的雄心无人能及。徐文长并没有公然违反游戏规则，只是对规则进行了灵活的拓展，如此高超的智慧，他的朋友们无法企及。

3 沉浸式儿童思维教育：讲故事打破思维边界

我们该如何帮助孩子打破思维边界呢？一起来看两个故事吧。

"丑娃"胜过"美娃"

美国艾士隆公司董事长布希耐有一次在郊外散步，偶然看到几个小孩在玩一只肮脏且异常丑陋的昆虫，爱不释手。布希耐顿时联想到：市面上销售的玩具一般都是形象优美的，假若生产一些丑陋玩具，又将如何？于是，他让自己的公司研制了一套丑陋玩具，迅速向市场推出。

这一炮果然打响，丑陋玩具给艾士隆公司带来了超额收益，使同行们羡慕不已。于是，越来越多的丑陋玩具被推向市场。如表面印着许多丑陋不堪的面孔的"疯球"；橡皮做的"粗鲁陋夫"，长着枯黄的头发、绿色的皮肤和一双鼓胀而带血丝的眼睛，眨眼时又会发出非常难听的声音。

这些丑陋玩具的售价超过正常玩具，但一直畅销不衰，甚至在美国掀起了行销丑陋玩具的热潮。

我们可以问问孩子："丑娃"胜过"美娃"的原因是什么？

"丑娃"能获得商业成功，其原因是突破了"美娃"的固化思维和陈旧模式，从而抓住了两种消费心理：**追求新鲜和逆反心理。**

谁刻的老鼠最像

某国有两个非常杰出的木匠，技艺难分高下。有一天国王突发奇想，要他们三天内各雕刻出一只老鼠，谁刻的老鼠最逼真，就重奖谁。

三天后，两个木匠都交活儿了，国王请大臣们一起参与评判。

第一位木匠刻的老鼠栩栩如生，连胡须都会动；第二位木匠刻的老鼠只有神态，外表粗糙得很，远没有第一位木匠雕刻得精细。大家一致认为第一位木匠的作品获胜。

但第二位木匠表示异议，他说："猫对老鼠最有感觉，要决定我们中谁雕刻的老鼠更逼真，应该由猫来决定。"国王想想也有道理，就叫人带来了几只猫。结果却令所有人都没想到，几只猫都不约而同地向那只雕刻粗糙的老鼠扑过去，又是啃又是咬的，对旁边那只栩栩如生的老鼠却视而不见。

事实胜于雄辩，国王只好宣布第二位木匠获胜。但国王很纳闷，就问第二位木匠："你是如何让猫以为你刻的是真老鼠的呢？"

木匠说："其实很简单，我只不过是用混有鱼骨头的材料雕刻老鼠罢了，猫在乎的往往不是老鼠逼不逼真，而是它身上的气味。"

我们可以和孩子一起来讨论一下这个故事：尽管第二位木匠不能算一个技艺高超的木匠，但他是一个灵活机智的木匠，他靠自己的思维赢得了这场比赛。这一点，与上文的徐文长异曲同工。

长久以来，玩具娃娃依靠比美而不断赢得消费者的青睐，渐渐变得司空见惯而没有新意。这时候，玩具公司从美的对立面——丑上下功夫，恰恰脱颖而出。评价谁刻的老鼠更逼真，一般的做法是靠眼睛看，可是，让猫用嗅觉来判断，不失为巧思妙想。

上述两个故事不是在倡导一定要不走寻常路，而是想启发孩子：**当我们习惯性地想和做的时候，可否提醒自己——或许还有其他的方式，或许可以找到新的思路。**

勇于走出思维的围墙，去触碰更为广阔和美好的世界。

第 4 课 走出思维混乱

——“三个 W”思维三部曲

熊猫妈妈：“熊猫哥哥和熊猫妹妹不知怎么了，做事总是三分钟热度。这是缺乏执行力的原因吗？”

金教授：“这与执行力当然有关，但是，实际上还有一个问题：做事情之前没有好好分析自己做这件事的原因。因为一时的热情就匆忙做起来，自然很难坚持。”

熊猫妈妈：“您说得真对。主要就是做事没有条理、不够坚持，那要怎么办呢？”

金教授：“其实，条理性、执行力都与理性的思维有直接关系。理性思维是一种有明确的思维方向，有充分的思维依据，能对事物或问题进行观察、比较、分析、综合、抽象与概括的思维。理性思维是一种高度的思维，培养起来当然比较困难，可是只要用心总会有收获。今天，就让我们好好学习一下思维三部曲——是什么、为什么、怎么样！”

1 何为“三个 W”思维三部曲？

家长或者教师的思维清晰程度和效率高低直接影响到孩子和学生思维能力的培养。如何帮助家长、教师提升自身的思维能力，从而走出思维的混乱，并在孩子成长和学生发展中促成高效的行动，这是至关重要的一环。

从纵深处去认识事物、追问本质的深度思维，要求我们不能仅仅停留于事物的表面、现象和局部而缺乏对本质和整体的观察，也不能只停留于意识层面而不去行动。由此，“三个 W”思维三部曲为我们提供了有力支撑，它要求我们面对生活时沿着**“what（是什么）”—“why（为什么）”—“how（怎样做）”**的脉络进行追问。

首先，第一个 W 是“是什么”。它是一个从现象到本质的抽象过程。这是认识的起点，也是重点。

生活是一个大讲堂，是我们认识的源泉，但是生活是细碎的，世界总是用具体的、局部的方式呈现在人们面前，因为人们没有统揽一切的能力。如果不能超越生活的具体和细碎，不能多一点理性，就很难收获对我们有益的认识。

当母亲看见女儿开始偷偷照镜子时，她是否意识到：哦，女儿长大了；当母亲看见女儿走进自己的房间，悄悄把房门一带时，她是否意识到：哦，女儿想要私人空间了；当母亲发现女儿开始讨论帅气小男生，手机上的屏保也被其取而代之时，母亲是否意识到：哦，女儿开始对异性感兴趣了。

这一切，如果没有特别的事情干扰，基本就是一个问题：青春期到了，小女生有了自己的心事。她不是不爱母亲了，她只是开始有了秘密，她不知道如何处理心里的秘密与固有生活的关系、新加入的情感与原来跟父母之间情感的关系。

作为母亲，需要意识到自己是她最可依赖并能帮助她走过青春期的人。但认识到这一点需要智慧，而做一个有慧心的母亲，谈何容易？这样的认识，是母女结伴幸福走过青春期的开始。

其次，第二个 W 是“为什么”，是对原因的分析。“是什么”与“为什么”从来都是分不开的，不对原因进行深刻分析就无法正确地认识事物本身。

如果没有对青春期的客观认识，就无法将上述现象理解为青春期问题。

青春期，一般是指青少年 10 岁至 20 岁的这一年龄段，该阶段的孩子在生理、心理和社会性发展方面都出现了显著的变化。由于孩子身心发展迅速而又不平衡，这一时期的孩子会伴随着不同程度的矛盾、困惑乃至叛逆，因此也常常将该时期叫作“叛逆期”。这个时期特别需要家长和老师帮助他们顺利度过，度过了青春期，孩子就逐渐走向成熟了。

青春期的孩子常常会出现一些表现，比如好奇、好胜、片面的虚荣心理、不成熟的恋爱心理、感性冲动，以及交际恐惧、自卑等。

在这个过程中，父母势必会面临很多问题，但也不必过于忧虑，也不必过于难过。

其实，这些问题只是青春期的叛逆而已，女儿显然是想着自己长大了，不再是父母臂膀下的乖宝宝，想像大人一样被尊重，自己决定自己的事，可是她又没有学会如何告诉父母自己长大了，想要追求独立的心理，因而对于父母爱的行为表现出了粗暴的对抗。而父母要做的就是在认识到问题后分析其中的原因，对女儿进行积极的引导，以帮助她度过青春期。

原因的分析和问题的认识是唇齿相依的，都依赖一个人的慧心，这最终决定了一个人怎么行动。

最后，第三个 W 是“怎么做”。认识决定了行动。

如果母亲认为孩子不爱自己，不管是黯然落泪还是破口大骂，强行闯入孩子的空间，干涉孩子的事情，都只会让母女间的距离越来越远，表面的虚假隔阂有可能演变成心灵的鸿沟。

如果能认识到孩子是青春期心理的表现，就应该拿出一位母亲的胸怀和气度。在反思自己行为的基础上，用好的办法帮助孩子处理这些矛盾，走出青春期的困惑，给孩子这个年龄需要的尊重、宽容、关爱和温暖。

但现实是，大多数孩子是在自我纠结及与父母的紧张关系中摸索着度过青春期的，主要原因是家长缺少对青春期的认识，也没有好好地接受过青春期的辅导。

2 沉浸式儿童思维教育：培养孩子的“三个W”思维

那么，如何培养孩子的“三个W”思维呢？我们可以分成两类场景来分析。

第一类场景是积极的情况。比如孩子最近一段时间好的表现，可以是积木搭得越来越好；也可以是画画得越来越漂亮，常常被老师表扬；等等。注意，这是指一段时间里的表现而不仅仅是一次偶然事件。基于是一段时间的表现，我们就可以鼓励孩子：“你真棒，确实进步了呢！”**这便是第一步：是什么。**

接着，我们可以引导孩子问一问自己：“为什么获得了这些进步？”起初我们或许获得的是多而凌乱的答案，这需要我们帮助孩子进行整理归类。**这便是第二步：为什么。**

最后，我们可以和孩子一起讨论如何把这些好的因素坚持并发展下去。**这便是第三步：怎么做。它可以细化为具体可操作的规则。**

为了更清楚地呈现这一分析过程，我试着举一个例子：

在一个吃饭的场景中，奶奶表扬了小红：“嗯，今天吃饭真乖。”

小红很开心：“奶奶，最近幼儿园老师也常常表扬我吃饭乖，让小朋友向我学习呢！”

妈妈：“你问问爸爸认同吗？”爸爸笑眯眯地点点头。

至此，我们可以认为这是一段时间内的进步，而不是偶然事件。偶然事件是无法上升为问题的，于是我们把继续下去的任务交给妈妈。

妈妈说：“小红，大家都这样认为，说明你的确吃饭乖了，进步了。”

这就确立了“是什么”。

“可是，我想知道，是什么原因让你吃饭乖了呢？是妈妈和幼儿园里的厨师做的饭菜比以前好吃了吗？反正，妈妈做的菜味道和以前是一样的。”

小红：“幼儿园换了个做菜的叔叔，虽然菜的味道跟以前差不多，但他做了好几次我喜欢的马铃薯。”

妈妈：“这样啊，还有吗？”

小红：“你们不是一直跟我说不好好吃饭就长不高吗？我想像哥哥那样高，所以要好好吃饭。”

“哦，原来是偶像起作用了。”妈妈故意打趣道。

“不是的，主要是我想长得高高大大的、健健康康的，哥哥只是一个例子而已。”小红说。

妈妈：“你以前不想这样高高大大、健健康康吗？”

小红：“一直想啊，就是控制不了自己，碰到不太好吃的就不吃。现在我觉得这样是不对的，一个好孩子要能够约束自己，养成好习惯。而且，我被大家表扬了，这让我更加有信心了。”

妈妈：“哦！我明白了。大概是这几个因素吧：第一，饭菜味道的略微变化，这个不重要。第二，你想长高。你一直想长高，所以这也不是最重要的。第三，表扬给了你力量，这点只是起到推动作用。第四，你认为一个好孩子要约束自己培养好习惯，这才是最重要的。所以，你好好吃饭最主要的原因是：你想成为一个有好习惯且会克制自己的好孩子，对吗？”小红点点头。

至此，便是第二步“为什么”的分析，需要家长与孩子一起配合完成。

妈妈：“接下来，你打算怎么做呢？”

小红：“当然要继续好好吃饭。”

妈妈：“仅仅是好好吃饭吗？你想想，我们有许多做得不够好的事情，是不是都有差不多的原因。比如，画画得不够好，是不是因为静不下心来？

作业做得马虎，是不是因为惦记着动画片？玩具不整理，是不是因为懒？”

小红：“好像是的。”

妈妈：“这些都是因为我们顺着自己的性子，想怎样就怎样，没有用更高的标准来要求自己。如果我们要求自己画画要静下心来、做作业要专心、自己的事情要自己做的话，上述的情况一定会消失，同时我们也会收获进步与成长。所以，妈妈希望你用一个好孩子的标准要求自己，可以吗？”

这就是第三步：怎么做。由吃饭这一件事拓宽到了很多行为上，起到更普遍的积极作用。

小红：“妈妈你说得真好，我要做个好孩子。”

妈妈：“你就是一个好孩子，当然，我们可以越来越好对吧？现在，我们想一想，从哪些事开始落实呢？”

至此，家长可以和孩子商量具体要改进的行为有哪些，从何开始，怎样开始，以及如何给予各种奖励。

第二类场景是消极的情况。同理，“是什么—为什么—怎么做”的思维也可以应用在对孩子不好表现的分析上。前两步是一样的，但在“怎么做”上需要花费更多心思，不仅要提出让孩子改正的举措，还要让孩子充分认识到问题所在。

我们仍以吃饭为例。

第一步：小红不好好吃饭。（是什么）

第二步：不好好吃饭的原因有多个，但最主要的是挑食。（为什么）

第三步：改掉挑食的缺点。（怎么做）

为了让孩子改掉挑食的缺点，就必须让孩子充分认识到挑食带来的问题：影响健康，长不高，浪费食物。

更重要的是，如果一个人不能约束自己，给自己提出高要求，就不会进步与成长，要做一个好孩子就必须要克服自己的缺点。

如果孩子认识到问题所在并决心改进了，那么，家长就可以和他（她）一起商量具体的改进措施了。

当然，在实际的生活场景中，积极与消极并非如此泾渭分明，一件事情往往是两者参半。此时，我们齐头并进、有序展开即可。

分析为行动提供力量的保证并促成行动，行动为分析提供源源不断的鲜活素材从而让分析大有可为，分析与行动，相互成就。

巴尔扎克曾说过："打开一切科学大门的钥匙都毫无异议地是问号，我们大部分的伟大发现应该都归功于'如何'，而生活的智慧大概就在于逢事都要问个'为什么'。"

"是什么—为什么—怎么做"的思维三部曲，其实就是"问题—原因—行为"的思维实践过程。

我们可以抓住生活中的场景，适时把握机会去激发孩子有条理地思考并促成有效的行动。

在这里，我们虽然没有讲授专门的逻辑学知识，却不折不扣地实践了逻辑精神。

第5课 纵向思维

——六色思考法

熊猫妈妈：“周末想组织个家庭活动，但每个人意见都不一样。后来，我索性让孩子们来决定，可是他们俩都很纠结，思前想后都没有结果。”

金教授：“这个问题其实就是选择困境。”

熊猫妈妈：“是啊，过年让他们选个礼物也是很费劲。”

金教授：“你看，思维无时无刻不在发挥作用，又不断地被行为所影响，看起来选礼物花费了时间不算大事，但如果在其他事情上也这样，不知不觉中我们就浪费了很多宝贵的时间和精力。”

熊猫妈妈：“原来如此。”

金教授：“所以，我们需要从小从生活点滴出发培养孩子的纵向思维，说得简单一点就是决策思维，提高孩子决策的能力，从而提高孩子的执行力和效率。如果‘三个 W’可以帮助孩子在原因上做出更多思考的话，六色思考法就能在怎么做上给出有效的推动作用。”

1 六色思考法

六色思考法，是在英国学者爱德华·德博诺博士开发的思维训练模式“六顶思考帽”的基础上提出的，是一个全面思考问题的模型。六色思考法可以视为纵向思维的一种行之有效的方法，同时，它也很好地对应了前文中提及的“how”，即怎么做。

所谓“纵向思维”，是指在一种结构范围内，按照有顺序的、可预测的、程式化的方向进行的思维方式。它符合事物的发展方向和人类的认识习惯，遵循由低到高、由浅到深、由始到终等线索，因而清晰明了，合乎逻辑。

遵循“白色—黄色/黑色—红色—蓝色—绿色”的次序，六色思考法可以让思维高效运行，避免将时间浪费在互相争执上。它强调的是“能够成为什么”，而非 “本身是什么”；强调寻求一条向前发展的路，而不是争论谁对谁错。它既提供了“平行思维”的工具，让不同观点各自清晰呈现；又是纵向思维的典范，让问题得到高效解决。

六色思考法

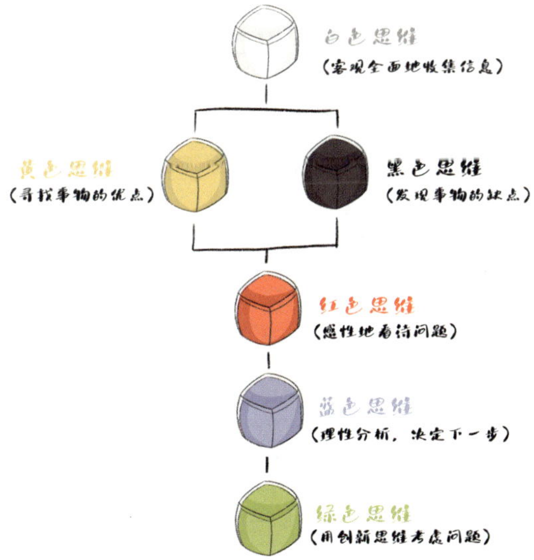

为了便于理解，我们以要不要出国留学为例，进行解读。

首先，白色思维：中立而客观地提出问题。

比如，要不要让孩子从小出国读书？一家人可能有不同的观点，我们暂且考虑正、反两个方面。在大家都表达了自己的主张是支持还是反对之后，我们需要根据意见分成两个小组。接下来，所有工作由两组分开进行，这样做的目的是减少没有好好思考和论证就吵起来的情况。

其次，进行积极的黄色思维：从正面出发，分析趋势与机遇。

比如，从小出国留学有利于孩子接受国际化教育，增强孩子的自主性，为后续能进入世界名校提供更加有利的通道，还有就是能申请入籍，等等。

反之，进入负面的黑色思维：发现缺点和不足，做出风险评价，指出遇到的困难。

总而言之，黑色思维问的是“哪里有问题？”“有哪些问题？”，结合孩子留学就是：出国留学费钱；远离家人孤独；从小就离开了中国文化社会，对中国文化理解不足，如果以后回国工作、生活，就会存在诸多不利；从小离开父母亲会导致彼此间情感淡漠；随着世界格局的变化，外国国籍各方面的优势在弱化，如果再想申请回中国籍将很困难；等等。

在经过正、反两方面的全面分析之后，感性决策的红色思维必不可少。

尽管分析过了利弊，就算弊大于利，我到底要不要做这件事呢？人做决策从来不仅仅因为得失和利弊，情绪、情感也会有作用。

这一刻，我们需要在经历理性分析之后超越理性。我究竟要不要把孩子送出国去？不管有多少风险，我还是想送他去，否则会遗憾终身。/算了，我还是不送他去了。

如果回答是要做这件事，那么就进入第五个阶段：理性的蓝色思维。

我们要为决策担负起责任和使命，具体思考“下一步是什么”，然后制订方案，落实行动。为此，我们需要列出一个计划和时间表。

为了避免陷入狭隘，变得死板，我们始终要为自己留下余地，那就是绿色思维。

我们还有其他方法来做这件事吗？我们还能做其他什么事情达到同样的目的吗？有什么可能发生的事情吗？什么方法可以克服我们遇到的困难？绿色思维可以帮助我们寻求新方案和备选方案，修改和去除现存方法的错误，为创造力的尝试提供时间和空间。

在经历了**“白色—黄色 / 黑色—红色—蓝色—绿色”**几个步骤之后，双方再坐在一起将各自的思考加以展示，经过相互提问质疑、互相解答辩论，看看是否可以在两者中选择出更优的一方。至此，双方便不会再为此事争执下去，而是齐心合力推动这件事。

当然在整个思维的过程中，我们都要将情绪影响尽量降到最低，并明确几点：

1 凡事都有利弊，完美无缺的事情实在太少，只能求同存异，尽量找到优化的方案。

2 在各种利弊中，需要选择出最重要的内容，也就是要抓住主要矛盾的主要方面加以突破。

3 以一方为主导，吸取对方的观点和做法加以补充和完善。

4 既然已经理性思考过了，这一决定也是认真做出来的，那么之后在落实的过程中如果出现了困难或挫折，应就事论事而不是互相埋怨，更不应该怀疑自己的决定甚至走回头路。当我们花了很大的精力，投入了很多的时间，但时事格局发生了重大变化时，我们可以重新思考这件事。

5 一切做法的成效有短期和长期的不同。比如，让孩子读了暑期辅导班，开学的成绩一般会优于自学的孩子，可是等到大家都重新学一遍之后，到底是谁的成绩更好就难说了。就长远的学习能力和学习的自主性而言，往往自学的孩子会更好一些。那么作为家长，看重的是眼前还是长远呢？两者兼顾可能是不错的选择。

在运用六色思考法的过程中，不仅要掌握这种方法，更要引导孩子学会控制情绪，辩证地看问题，做事抓重点，宽容待人，执着坚持却又知错就改，这样才能在孩子成长道路上发挥更好的效用。

六色思考法会使混乱的思考变得清晰有序，使各方无意义的争论变成集思广益的创造，使每个人变得富有创造性。不同的颜色分别代表着不同的思考方式，创新的关键在于思考，从多角度去思考问题，才能产生新想法。

2 六色思考法实操练习

由此，我们还可以提出许多问题并练习六色思考法，比如：

1 要不要给孩子报那么多培训班？

2 要不要让孩子学奥数？

3 孩子的编程启蒙选择线上课程还是线下辅导班？

4 要不要在幼儿园期间就教孩子背古诗？

5 要不要让孩子玩电子产品？

6 要不要给孩子轻松愉快的童年？

7 要不要送孩子到国外去读小学？

8 要不要选择私立高端的幼儿园？

9 要不要让孩子非常在意别人对自己的评价？

10 要不要培养孩子强烈的个人意识？

11 暑期是让孩子自学新课还是上辅导班？

下面，我们以“暑期是让孩子自学新课还是上辅导班？”为例来分析一下.

假设全家人一起讨论，那么首先明确提出问题：暑期是让孩子自学新课还是上辅导班？请每个人给出自己的意见。

这是第一步：白色思维。

根据每个人的回答分成两组：A 组为赞成自学组，B 组为赞成辅导班组。接下来，分两组并平行展开“黄色 / 黑色—红色—蓝色—绿色”的五步分析。

A 组认为：

自学省钱还省时，更重要的是，自学能激发孩子的主动性，孩子发现问题和解决问题的能力均提高了。虽然开学考试成绩可能不如上辅导班的孩子，但是，后续随着课堂教学的进行，应该可以很好地弥补不上辅导班导致的不足，不会影响成绩。

这是在分析自学的优势，是黄色思维。

孩子自学没有人教，因此掌握得不够全面扎实，开学检查考试成绩一般会比上辅导班的同学差，这样会导致孩子没有信心；自学只适合自控力强、学习能力强和聪明的孩子。

这是在分析自学的弊端，是黑色思维。

进行过正、反两方面思考后，A 组需要再次做出决定。

这便是红色思维。

如果仍然坚持自己的观点——自学，那么就需要给出自学的具体操作，比如时间、进度、检查等可操作细节。

这便是蓝色思维。

最后，A 组需要思考：我们还有其他方法取得更好的效果吗？可能的选择是：自学的基础上，选择少量的辅导班；自学的同时向辅导班同学询问了解相关学习资料；配合一定的家教；等等。

这便是具有补足性意义的绿色思维。

B 组的操作是一样的。B 组认为：

上辅导班有人管，一个人在家自控力不强就会玩游戏偷懒；辅导班有老师专门教所以知识掌握得扎实，开学考得好也会有信心，这点是最重要的。

这便是黄色思维。

辅导班费钱又费时，老师一对多教学，孩子学习效率不高；更重要的是很容易导致孩子凡事都要靠别人教，久而久之就会造成自学能力、主动性和创造性的降低。

这便是黑色思维。

进行过正、反两方面思考后，B 组需要再次做出决定。

这便是红色思维。

如果仍然坚持自己的观点——上辅导班，那么就需要给出具体操作细节，比如上哪些辅导班，还有时间、进度等。

这便是蓝色思维。

最后，B 组需要思考：我们还有其他方法来做这件事吗？我们还能做其他什么事情达到同样的目的吗？

这便是绿色思维。

至此，我们可以将 A、B 两组的意见放在一起评价并分析，最终看看哪一种观点更科学可行。无论最终选择哪一种做法，至少都对其利弊有了充分认识，会在执行过程中因势利导，激发正向作用，想办法弥补存在的不足。

3 沉浸式儿童思维教育：六色思考法训练

上文我们从家长的角度实际运用了一遍六色思考法。接下来，家长可能会想：我可以把它用到孩子身上吗？因为我的孩子迫切需要进行纵向思维的训练，提升决策能力和执行力。

当然可以。如果是几个孩子一起决策的话，我们就可以严格按照六色思考法的流程和要求进行。如果是一个孩子面临决策，我们可以对其微调成“六色思考法单人版”，目的是将重点从避免将时间浪费在多人的互相争执上转移到让孩子高效地做出决断上。

“六色思考法单人版”仍然按照“白色—黄色 / 黑色—红色—蓝色—绿色”的次序高效运行。设想这样一个场景：一家人在讨论周末去开展什么家庭活动。

第一步，白色思维：引导并鼓励孩子说出自己的意见。

尽管是初步的，但这既是决断能力的体现，也是我们后续思考得以进行的前提。我们先来假设孩子的意见是去参观科技馆。

第二步，黄色思维：从正面出发分析优势与机遇。

沿着“从列举到概括”的思路，尽量全面地分析去科技馆参观可以带来的好处。我们可以试着罗列出来：

1 从内容方面看，可以增长知识，激发科学兴趣，增强科学素养。

2 从深层次教育方面看，有助于培养思考的习惯和提问的意识，培养实事求是的科学精神和爱国意识，养成良好的参观习惯和社会公德。

3 从其他方面看，还有出行方便、节省时间、附加值高、免费等。分析不限于此，但需要抓住重点。

第三步，黑色思维：从反面发现缺点和不足、风险与困难。

仍然以参观科技馆为例，这一活动不见得有什么不足，但是如果针对一个需要增强沟通能力和需要适度运动或者长期待在室内，对大自然缺乏面对面接触的孩子来讲，自然就成了遗憾。

这一步，孩子会流露出一些自己的喜好。孩子可能会说“长久都在室内，其实我也很渴望呼吸郊外的新鲜空气，看看美丽的花朵”“我好久没有和小朋友玩游戏了，也特别渴望一起踢踢球”等。

我们要让孩子轻松自在地说出自己的遗憾和不足，说不定就为下一次周末安排埋下了很好的伏笔。

第四步，红色思维：在正、反两方面的全面分析之后，再次检验自己刚才做出的决策。

我还要不要做这件事？我还要不要周末去参观科技馆呢？如果孩子的回答仍然是“要”，那么就进入下一个阶段。

第五步，蓝色思维：制订落实行为的方案。

家长可以引导孩子：“我觉得你说得有道理，那我们就去科技馆吧！你能不能负责安排呢？比如：几点出发？几个人去？怎么去？几点回来？午饭怎么办？你自己要不要准备点什么？你想想还有什么细节需要考虑进去？”如此，我们不正是在培养孩子细致而周全的思维能力吗？

看起来，问题已经解决了，但是，为了避免狭隘和让更多人满意，我们可以引导孩子将自己的决策做一点补足和完善，那就是第六步——绿色思维。

我们有没有遗漏什么重要的因素呢？比如周末科技馆会不会人太多要排很长时间的队？有什么方法可以克服我们遇到的困难？

比如，我得带上一本好看的图书，万一排队无聊可以看书；如果实在人太多需要排太久队，那我们就去郊游吧。总之，我们要做好两手准备。如果这周去科技馆了，下周天晴的话，我们就去郊游。

绿色思维如同萌发在大脑中的一丝新绿，可以帮助孩子完善决策，寻求新思路，为创造性思维的培养打开了可能性。

我们可以在生活中，抓住机会让孩子运用六色思考法做出思考和决策。

久而久之，他们就会远离犹豫不决、瞻前顾后、优柔寡断。我们要不断地引导并激励他们：严密地思考，科学地决断，执着地行动。渐渐地，理性、果敢、坚持这些美好的品质就会在他们身上闪现。

六色思考法就像彩色打印机，先将各种颜色分解成基本色，然后将每种基本色彩打印在同一张纸上，就会得到彩色的打印效果。同理，我们对思维模式进行分解，然后按照每一种思维模式对同一事物进行思考，最终就能得到全方位的“彩色”思考。

家长可以指导孩子用六色思考法填一填下面这张表格。

六色思考法

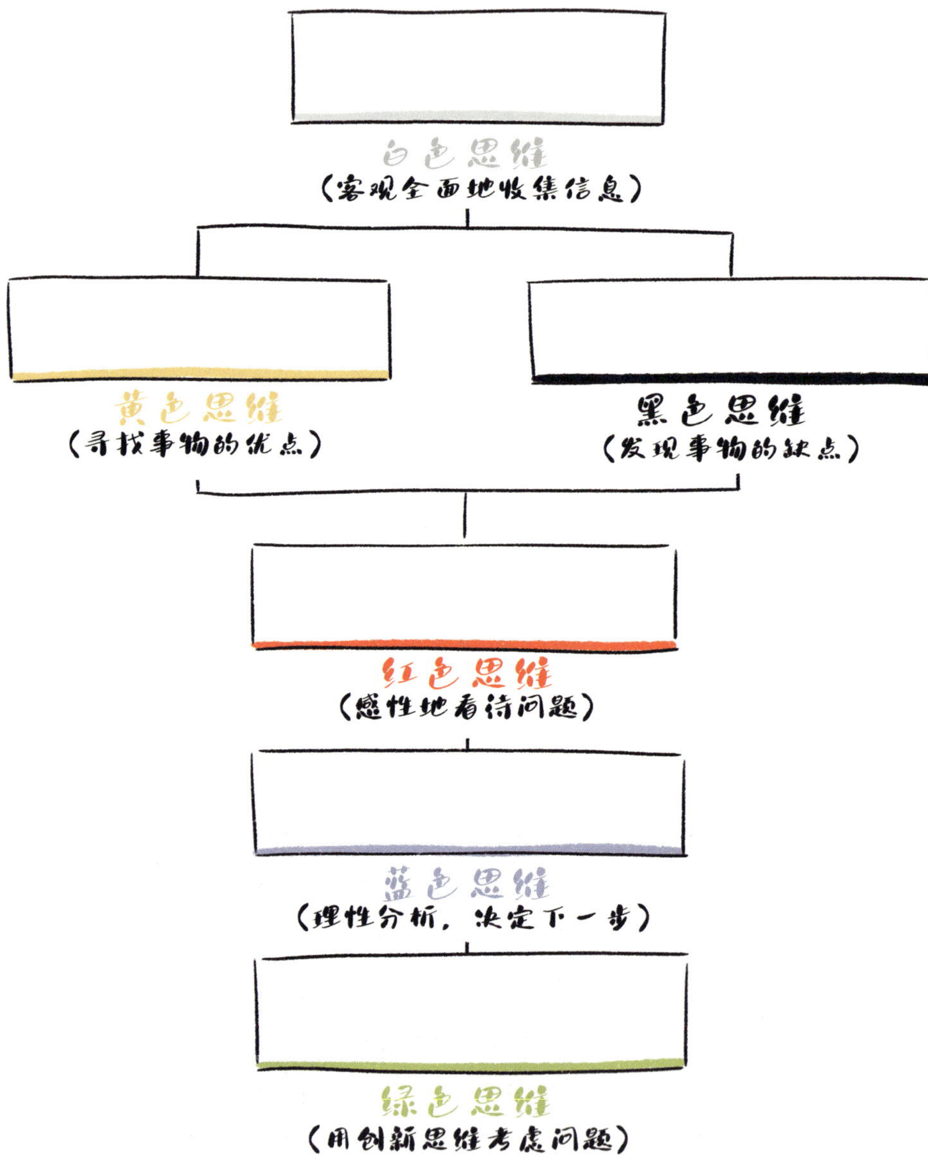

第 6 课 逆向思维

——如何认识你自己？

熊猫妈妈：“昨天下大雨，先生开车来接我和孩子回家，我只能先收起雨伞再进入汽车。雨太大了，我和孩子全身都淋湿了。孩子当时问我，为什么雨伞不可以反过来收呢？这样我们就可以先进入车子再收雨伞了。我当时没有听明白，就简单粗暴地回答：‘雨伞都是这样收起来的，你还是少想些稀奇古怪的东西，好好想想学习的事吧。’现在想想有些丢人。”

金教授：“你的回答的确不太妥。首先，雨伞不是都这样收的，你可以了解一下反向伞；其次，孩子的想法虽然奇特但不代表就不靠谱，这恰恰是一种非常了不起的思维——逆向思维。

“生活会让我们不自觉地陷入‘司空见惯’‘顺其自然’的思维惯性之中，逆向思维敢于‘反其道而思之’，尝试让思维向着相反的方向大胆探索，极大地激发了思维的灵活性和活跃度。有许多伟大的设想就出现在这一反转之中，逆向思维是通往创新、创造的一条大路。”

黑点与白点

谈及自我认识，我不禁想起在课堂上做过无数次的一个心理学实验，推荐给家长或者思维课教师跟孩子一起做一做。

我在白板上画一个黑色的圆点，如下：

然后问大家："你们看见了什么？"

同学们众说纷纭：这是一个黑色的足球；这是一个太阳黑子；这是一个煤饼；这就是一个黑色的圆……

大家的回答乍看起来有不同，但其实是高度一致的：几乎都是只看见了黑色的图形，而忘记了白色背景的存在。如果没有白色的背景，黑色的图形如何凸显？如果把背景换成黑色，黑色的图形还存在吗？

我们也可以换一个类似的实验：在黑板上画一个白色的点，同样可以问问同学们看见了什么，在没有任何暗示的前提下，他们的回答很可能是：一个白色的雪球、一个白色的圆点……其实，黑板的贡献是不容忽视的，是黑板的存在才使得白点脱颖而出。

黑点与白点的实验，说明了逆向思维模式的重要性。

我们都有这样的经验，在黑板上用白色笔写字，在白板上用黑色笔写字。对于书写者而言，这里的白和黑一样是有意义的，是无法离开彼此单独存在的。

但是，这样的存在在观看者那里，往往会悄无声息地被忽略。面对这个心理学实验，最正确的回答应是：

白色背景中的黑色图形，黑色背景中的白色图形。

黑白两色构成了美妙的世界，然而，人们在认识上的局限性却阻碍着我们去进行全面欣赏。这个实验让我们不得不承认：人的认识能力是有限的，人会不经意地忽略一些存在和细节，仿佛它们从来就不曾存在，而事实上它们一直都存在着。这就是人类认识能力有限的一个侧面。我们必须正视这一客观事实，才能对有限的认识能力进行勇敢的超越。

为了利用这一实验更好地培养孩子的逆向思维，我们可以将实验不断微调为更丰富的形态。比如：

在有颜色的背景上画一个不同颜色的图形，然后问孩子："你看见了什么？"不论孩子对图形的回答有多么丰富的想象，但背景都不能被忽略。

然后，我们可以将实验延伸到实际的生活情景：

指着绿色草地上的一朵花、天空中的飞鸟、大海中航行的船……问孩子："我们看到了什么？"孩子的重点可能是美丽的花、可爱的飞鸟和高大的船。此时，我们可以提醒孩子：你的回答是正确的，但是此外，我们还能看见草地、天空和大海，它们实实在在地存在着。

❷ 认识能力的有限性

我们把筷子放到水里，在视觉上筷子瞬间弯曲了，可实际上筷子从未弯曲过；我们把脚放进水里，脚一下子膨胀了，可是脚还是原来的脚；一个人半夜惊醒，睡眼蒙眬之下有多少糊里糊涂的幻觉？

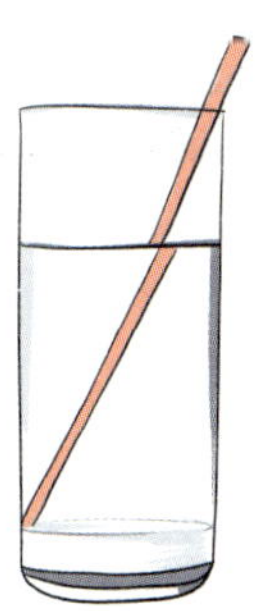

我们看到的弯曲其实是光经过水面折射后发生偏转产生的像

学生想要看清楚讲台，就必须利用下课时间走近讲台，因为眼睛的能力受到距离的影响，走近就看得清楚了。但仍然无法看到后面，因为我们的视线是直线传播的，无法拐弯，无法穿透，所以看不到讲台背后和侧面。这一刻，或许我们会发自内心地说：**我不再完全相信自己的眼睛。**

除了眼睛，耳朵就能完全相信吗？大家都玩过“说悄悄话”的游戏，一句话被一个人接一个人地传递，传到最后却面目全非。不是大家故意以讹传讹，而是要清楚地传递和接受一句话需要很多条件：发音标准而清晰、周围没有太多杂音等。

谣言的传播有很大一部分是无意的，正确地传达意思不仅与语音本身有关，还和人的知识层次相关。关于生活中的谣言和政治大事的误传，皆是如此。由此我们会说：**我不再完全相信自己的耳朵。**

下图中战士的腿伤已痊愈多年，但每当阴雨天或看了战争片都会感觉痛。难道真的是因为腿疼吗？这不过是战争创伤引起的幻觉。

所谓“望梅止渴”不也如此吗？我们没有吃梅，可是却止渴了。止渴的感觉不是由味觉中真实的梅子产生的，而是视觉中的梅子引起的心理反应。这一刻，我们会说：**我不再完全相信自己的身体。**

沿着这个路径，我们也就越来越接近笛卡尔了。他正是沿着这样的过程推导出了“我思故我在”的观点。他认为眼睛、耳朵、嘴巴、身体等都是不足以相信的，必须保持怀疑的态度，而在整个过程中怀疑始终存在，怀疑就是“思”，所以“我思故我在”。

讲到笛卡尔，我们自然会想到康德。几百年前，康德问大家：“我们能够认识到什么？”我们可以从“世界是有限的”推导出“世界是无限的”，反之亦然；我们可以从“世界是有开始、有结束的”推导出“世界是没有开始、没有结束的”，反之亦然。这便构成了一对对“二律背反”，这说明：**人类的认识能力是极为有限的。**

得出了人类认识能力的有限性观点之后，我们能干什么？有何意义？这是我们必须追问的。正是认识到了有限性，才能开启更健康有益的认识，有限性从来不会因为没有被认识就不存在。因为有限，所以要超越。

3 引导孩子认识到认知的局限性

让我们给孩子讲讲“盲人摸象”的故事吧。

从前，有 4 个盲人很想知道大象是什么样子的，可他们看不见，只好用手摸。

胖盲人先摸到了大象的牙齿，他就迫不及待地说：“我知道了，大象就像一个又大、又粗、又光滑的大萝卜。”

高个子盲人摸到的是大象的耳朵。“不对，不对，大象明明是一把大蒲扇!”他大叫起来。

“你们净瞎说，大象只是根大柱子。”原来矮个子盲人摸到了大象的腿。

而年老的盲人却嘟囔道：“唉，大象哪有那么大？它只不过是一根草绳。”原来他摸到的是大象的尾巴。

4个盲人争吵不休，都说自己摸到的才是大象真正的样子。

而实际上呢？他们没有一个人说对。他们四个人都严重地受到了自身认知局限性的限制，以偏概全，无法形成对大象正确的整体认知。

其实，我们每个人的感觉（味觉、触觉、听觉等）和知觉都存在一定的局限性，因此我们都是一定程度上的“盲人”。

对于一个无法通过视觉进行整体认知的盲人来讲，仅仅通过触觉就想形成有关大象的正确认知是困难的。将“盲人摸象”的故事进一步延伸下去，就是大家耳熟能详的“井底之蛙”的故事。

一只青蛙从小生活在井底，当小鸟告诉它外面的天空很广阔时，它不相信地说：“不可能，我眼里的天空就如井口这样大。”当一只海龟告诉它用千里之遥不能形容大海的辽阔，用千仞之深不足以形容大海的深度时，它也表示非常不理解。

这是为什么？

同样是因为受制于空间认知的局限性。

只有当青蛙跳出井底看到了那辽阔的天空和无垠的大海，它才能真正理解小鸟和海龟的话。并不是这只青蛙天生就比那只小鸟和海龟愚笨，而是生长的环境影响了它的空间认知能力，从而影响了正确的认知。

4 认识你自己

苏格拉底有句名言：“认识你自己。”

什么是认识自己呢？是既不自我崇拜，也不妄自菲薄；既能看到自己的长处，也不忽视自身存在的不足。

只有当我们清楚认识到自己认知的局限性后，才不会对自己眼里的世界抱有绝对的忠诚和信赖，才不再说“我绝对相信自己的眼睛”，才会开始怀疑“眼见为实，耳听为虚”的可靠性。这样，我们的眼睛才能为我们所用，帮助我们建立更多关于世界的正确理解。

一个客观认识自己的人，才会产生发自内心的谦逊，才会不自觉地进行逆向连动的思考。如果说纵向连动是一种往深处去追问的高效思维方法，逆向连动则是一种更宽容、更有弹性的辩证思维方法：由正及反，由反思正，侧重一点，兼顾全局，辩证客观地思考和解决问题。

由此，我们才可以对一直以来非常熟悉的对象做出理性的思考。

只有深刻地认识到自身的不足，才有可能建立理智的谦逊。

那么，什么是理智的谦逊呢？

避免自负、自满、伪装，意识到每个人的认识能力是有限的，认识到自我中心的倾向。

在理智的谦逊的基础上，我们才有可能去拥抱理智的勇气。

那么，什么是理智的勇气呢？

敢于接受，敢于坚持。如果意识到不喜欢或是异己的观点中也有真理，就要勇于接受；如果意识到我们喜欢或公认的观点有谬误，就要勇于摈弃。

在理智的谦逊和勇气的共同推动下，理智的自主才有可能。

那么，什么是理智的自主呢？

从自主的角度，以自主的眼光和思想追求独立而审慎的思考，实践主动而个性的行为。

如果大家都可以从正、反两个角度去想问题，自然就能跳出问题本身的泥沼，变得更为超脱。这有利于问题的解决，更有利于自身的成长和发展，从而帮助家长更从容地应对生活、工作和对子女的教育，帮助孩子建立起完善的自我认知。

列夫·托尔斯泰在《安娜·卡列尼娜》中写道：“人生的一切变化、一切魅力、一切美都是由光明和阴影构成的。光明和阴影谁为主导？这由你来决定。但无论如何，我们不能只决绝地选择其一而忽略对方的存在。”

5 沉浸式儿童思维教育：生活中的逆向思维

逆向思维，是指打破固有思维模式、突破常态的一种思考问题的方法。培养孩子的逆向思维，对于提升孩子思维的活跃度、灵活性和创新能力具有非常重要的意义。

生活中处处充满了逆向思维，让我们来找一找吧。

自动扶梯

人走楼梯，是人动楼梯不动。能不能把这个状态反过来，人不动，楼梯动呢？于是，就有了自动扶梯。

台式电锯

工人用传统锯子锯木头，是木头不动，锯子动。能不能把这个状态反过来，锯子不动，木头动呢？于是，就有了台式电锯。

野生动物园

在传统的动物园内，无精打采的动物被关在笼子里让人参观。而野生动物园就不一样了，是让人坐在汽车里（这好比是关在活动的笼子里）欣赏大自然中动物真实的生活样貌，这样就有趣得多了。野生动物园就是逆向思考的结果。

电动吸尘器

电动吹风机是用电制造空气的流动，使空气吹向物体。能不能倒过来，空气还是流动的，但是方向相反呢？于是，就有了电动吸尘器。

流水线生产

以前的工厂是人围着机器和零件转，工人辛苦但效率低下。后来有人改善了工序，让人不动零件动，这便是流水线概念的雏形。事实证明，流水线大大提高了生产效率。

逆向思维让工作更高效。

生活中类似的例子有很多并不断地在发展更新，我们要善于观察。除故事和案例可以激发孩子的逆向思维外，适当的游戏也是极佳的方法。

下面为大家分享孩子逆向思维的训练方法，家长可以陪孩子玩一玩这些游戏。

No.1 高个和矮个

游戏目的：通过动手操作，发展孩子的逆向思维和空间思维。

游戏准备：正方体、长方体、圆柱体积木和高矮不同的小人儿玩具各3个。

游戏玩法：这是一个非常适合你和孩子两个人进行的游戏。你可以在3个高矮不同的小人儿玩具下面垫上正方体、长方体、圆柱体的积木，使它们显得一样高。然后，让孩子根据所垫积木块的多少，判断出这3个小人儿玩具中，哪个最高，哪个最矮。游戏材料可替代，积木高度相同，小人儿玩具高度不同即可。

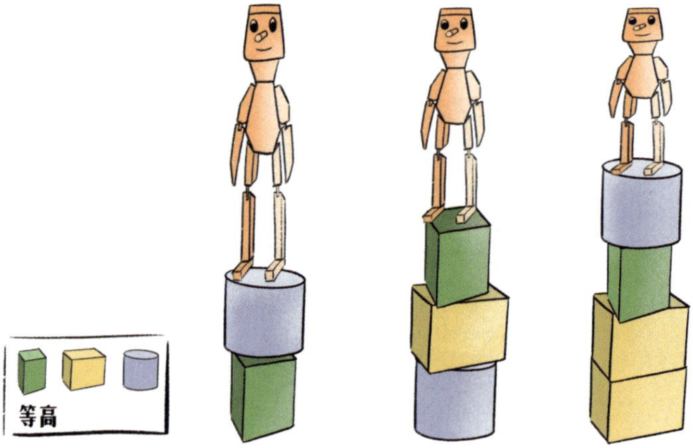

No.2 哭笑娃娃

游戏目的：在迅速反应中发展孩子思维的逆向性和流畅性。

游戏玩法：和孩子一起玩经典的游戏“石头、剪刀、布”吧！不过，这次要做点小小的改动。每一次，胜利者都要做“哭”的动作，输的一方则要做“笑”的动作，做错就要被淘汰哟！

No.3 反口令

游戏目的：能根据口令做相反的动作，训练孩子思维的逆向性及敏捷性。

游戏玩法：你说“起立”，孩子就要坐着不动；你说“举左手”，孩子就要举右手；你说“向前走”，孩子就要向后退；你说“笑”，孩子就要哭……总而言之，孩子要和你“反着来”才行。如果他做错了就算输了。这可是一个非常好的家庭游戏！

No.4 扑克猜数

游戏目的：用不同的方法将隐藏的数字猜出来，发展孩子的逆向思维及思维的流畅性、敏捷性。

游戏准备：数字为 1 ~ 9 的扑克牌两套（共 18 张）。

游戏玩法：先请孩子把牌洗好，然后你任意抽出一张藏起来，并将余下的牌摊开，让孩子猜一猜你藏起来的是哪张牌。

逆向思维不仅可以应用在游戏里，在生活中同样可以加以实践。当孩子不愿意做父亲留的课外作业时，父亲灵机一动说：“儿子，我来做作业，你来检查如何？”孩子高兴地答应了，并且把父亲的“作业”认真地检查了一遍，还列出算式给父亲讲解了一遍。

这就是逆向思维的精彩应用。你有没有兴趣也试一试呢？

第7课 辩证思维

——龟兔赛跑兔子输了是兔子的责任吗？

熊猫妈妈："科技馆参观回来后，熊猫哥哥和熊猫妹妹就吵起来啦。妹妹觉得科技拉远了人与人之间的关系，哥哥觉得科技给人带来了很多乐趣。"

金教授："他们说的都挺有道理的啊，都在围绕自己的观点摆事实、讲道理，没有胡说八道。"

熊猫妈妈："真的是这样吗？"

金教授："当然，更进一步看，又是有不足的，就是大家都陷入了思维的僵局，用固定的、静止的思维看问题。我们需要告诉他们：科技既带来了美好的生活，也埋下了很多隐患，比如网络诈骗数额巨大、人和人见面交流少了，这就是辩证思维。正如诗人所言，我们要歌颂阳光，但不能忘记黑夜；也如哲学家所言，一张纸有两面，无论你看到的是哪一面，都无法忽视另一面的存在。"

龟兔赛跑新解

一次，熊猫哥哥放学后对熊猫妈妈说：“妈妈，老师讲了龟兔赛跑的故事，我觉得不太对啊。”

“怎么不对啊？”熊猫妈妈充满好奇。

“老师说兔子输在骄傲上，所以谦虚使人进步，骄傲使人落后。但我不太同意。”熊猫哥哥说。

“为什么呢？”熊猫妈妈好奇地问。

“首先骄傲不一定会使人落后，谦虚也不一定就会使人进步。如果进步是那么简单的话，大家都谦虚一下就能进步。再说了，兔子也不是输在骄傲上，它可能是不想比赛。让跑步最快的兔子与最慢的乌龟比赛，也许兔子觉得一点意思都没有。如果我是兔子，我就不想参加。如果一定要参加，就随随便便输掉算了。如果让速算最快的同学和最慢的同学比赛，快的同学觉得没意思，慢的同学没信心，两个人也不会有进步，最后大家都越来越慢。还好我们没有这样的比赛，老师总是让我们跟之前的自己或是差不多的同学比较，比之前快了或是前进了一名就是进步。”熊猫哥哥说。

“你跟老师说了你的想法吗？”熊猫妈妈问熊猫哥哥。

“没有，我不敢，而且我觉得公然反对不太礼貌，所以就回来告诉妈妈。”

听到这里熊猫妈妈真的很开心，看到他小小年纪就能独立思考，这是件多么值得高兴的事。就谦虚与进步、骄傲和落后之间的关系来说，前者是必要，后者是充分，严谨一点的表达是：**只有谦虚，才能进步；如果骄傲，那么就有可能会落后。**

熊猫妈妈特别想问的是，龟兔赛跑的结果是兔子输了，兔子需要担负起所有的责任吗？乌龟赢了一定有意义吗？说到底，我们需要质问的是：这是不是一场理性而有意义的比赛？

正如孩子所言，兔子是不想参加比赛，觉得赢了也没有意思，因为这场比赛不合理：让跑步高手兔子与爬行很慢的乌龟比赛，这是比不出真正效果的。那么，需要进行一种怎样的比赛呢？

应该在一个有可比性的群体里进行比赛，这样就可以更好地激发群体和个体的进步和成长。

这样的比赛才是有意义的，因为具有合理性。在存在着巨大差异的不同对象之间进行比较，本身是没有多大意义的。

同理，我们也应该在遵循一定的普遍性的基础上，发现每个孩子的天性和特点，因材施教，让孩子得以个性成长。

让我们回到龟兔赛跑的故事，这个故事人人耳熟能详。除了故事长期传达的固定道理——“骄傲使人落后，谦虚使人进步”，还有“持之以恒就会成功”以外，人们似乎很少反过来思考，这就是典型的固定理解。

这难道不值得我们反思吗？

由正及反、辩证地思考问题，对我们是极为有益的，将两个方面加以综合，才能更加客观全面地指导我们的思与行。

在这样的视角下，我们可以继续反思追问。

有的老师说：“对学生真是越来越失望，上课看手机，写作业不认真……”

马拉不动车了，马车夫教训马：“怎么这么会偷懒？快走，继续走……”

随着孩子的成长，许多父母会感到孤独又烦恼：“小时候和我那么亲，现在怎么那么疏远，坐在一起都没有话说。唉！养孩子真没意思……”

这些都是客观全面的认知吗？

当然不是，这是带着情绪的单一维度的认知。

如果换一个角度是否能这样想：老师真的把课讲好了，学生上课还会玩手机吗？至少有一部分学生会认真听课。马拉不动车，也许是马偷懒，也许是它承受了过重的负担，是贪心的马车夫让它实在走不动了。最后，孩子长大了和父母有疏离感是成长独立过程中的普遍现象，父母责备孩子不知道感恩，但若换到孩子的角度他们或许会说："我们三观不一致说不到一起，我的想法父母从来不理解、不尊重，还一味强加他们的想法给我。"

辩证思维在教育实践上给了我们哪些实实在在的启示呢？

我觉得可以概括为以下几点：

1决策时务必多想一点，理性思考，规避风险。

2从给糖哲学出发，选择不同途径与方法，兼顾过程与结果。

3从正、反两方面思考问题，顺时不骄，挫时不馁。

4理性面对不同的观念，灵活处理生活、学习、工作中的矛盾。

2 辩证思维：决策需要理性辩证的分析

在决策的时候要清醒地认识到：一方面，我们自身认识上存在着不可避免的不足；另一方面，每一个决策行为本身也往往存在正、反两个方面。因此，要在综合考量的基础上做决断，这是减少风险的有效方法。

首先，决策者需要对自己做一个SWOT分析。

SWOT 分析法，又称为"优劣势分析法"，是一种能够较客观而准确地分析和研究一个对象现实情况的方法。SWOT 分别代表：Strength（优势）、

Weakness（劣势）、Opportunity（机遇）、Threat（威胁）。

SWOT 分析法是一种战略分析方法，通过对被分析对象的优势、劣势、机遇和威胁等加以综合评估与分析得出结论，通过内部资源与外部环境的有机结合来清晰地确定被分析对象的资源优势和缺陷，了解其所面临的机遇和挑战，从而在战略与战术两个层面加以调整，以达到所要实现的目标。

我们这里所讲的 SWOT 分析法旨在通过分析自己，为自己可以做什么、不可以做什么奠定理性基础。熊猫妈妈根据 SWOT 分析法制作了下面的表格，请你跟孩子也一起来填一填吧。

	优势	劣势	机遇	威胁

正如哈佛大学商学院传诵的那样：“明白比智慧更重要。明白自己拥有什么，才能明白自己能做什么。”智慧不会降临到每个人头上，但是，明明白白、清清楚楚是每个人可以通过努力提高认知来获得的，只有明白自己的长处和短处，才能决定能做什么、不能做什么。当然，短期而言扬长避短不失为一种高效的策略。但是，如果立足于长远的发展，我一直坚持认为补短才能扬长。如果短处一直让它存在着，就会成为限制长处发展的绊脚石。

其次，需要对要做的事情进行利弊两方面的辩证分析，既要有勇气与激

情去迎接机遇，又要为可能产生的困难做好充分的准备。

如果缺少这样的危机意识，一旦危机发生就会无法控制，再调整将颇费周折。

这些年铺天盖地的培训班，在加深孩子知识的学习程度和扩容知识的内容上有其合理性。但是，负面的问题是：孩子自学与自己解决问题的意识和能力受到了影响，发现问题不是第一时间想着自己解决，而是等着别人教；对问题的多样性想象能力受到了限制，因为我们总是会给出统一的标准答案。

一件事情总是有两面性。正如黑格尔说的，“一张纸都有正反两方面，不存在只有一面的纸”，因此不能只看正面而忽略了反面的存在，应该想办法去应对不足。

3 辩证思维：给糖哲学

生活中处处充满了辩证思维，先讲一个买糖的故事。

小时候我常去附近一个商店买奶糖，店里面有两个胖阿姨和一个瘦阿姨，而我总喜欢找瘦阿姨买。如果碰巧瘦阿姨不在，就索性先不买了。

为何？因为一个胖阿姨觉得自己业务水平很高，一抓一个准，基本都不太用秤；另一个胖阿姨业务水平没那么高，但她图省事总是先抓一大把，然后在称的时候一点一点往外拿；瘦阿姨与她们都不同，每次都抓不足重量，然后再一点一点往里加。虽然得到的奶糖数量是差不多的，从效率上讲第一个胖阿姨最高，但我就喜欢瘦阿姨，因为我喜欢那种一颗颗糖往里加的感觉，这就是“给糖哲学”。

做同一件事可以有完全不同的方法，不同的方法有不同的效果，到底用哪一个方法要视情况而定。

如果我们从效率出发，一定会选一抓一个准的胖阿姨，这代表了她有很高的业务水平。

但我们还要考虑到服务过程中人与人之间的沟通，在这一点上瘦阿姨动了脑筋，充分满足并巧妙地利用人们的心理，从而创造了满意度。由此可见，卖糖这件看似容易的事，要做好还真是不简单。

不得不说，给糖哲学具有普遍的意义。

孩子在完成学校的各项美育、劳育、体育类作业的时候，往往需要家长的助力，尤其是低年级孩子。家长过多地参与，即便帮助孩子获得了很好的成绩和表现，却也偏离了此类作业的意义——重在培养孩子的参与度、积极性和主动性，从而提升孩子动手能力、创造能力以及思考能力，促进孩子德智体美劳全面发展。

过于在意结果，看起来一次次的具体努力有了好的回报，可是急功近利、一点小利益都要争抢、不知退让的毛病也会在孩子的心里扎下根。

反之，如果我们一味地不在意结果的好坏，自然过程也可能就很难尽心尽力，努力的过程往往是在追求好结果的前提下展开的。

所以，“关注结果，兼顾过程”，是一句智慧而又抽象的话。至于如何落实，这就需要家长和孩子具体情况具体分析和解决，没有放之四海而皆准的做法。对这种问题的思考，本身就是其价值所在。

4 辩证思维：正反面的思考

不得不说，听故事、分析故事是形成儿童辩证思维的好方法。下面我们再来看看经典的“塞翁失马”的故事吧。

塞翁失马：祸福相依

从前，边塞有一位精通骑术的老者，一天他家的马跑到了胡人的地盘。邻居们听说后认为这匹马一定回不来了，于是都来安慰他。

老者反问道："这怎么就不能变成好事呢？"

过了几个月，他的那匹马竟然带着一匹胡人的骏马回来了。邻居们听说后又跑来祝贺。

老者淡然回答："这怎么就不能是一件坏事呢？"

果然，没过几天，他的儿子在驯服胡人的骏马时摔断了腿。邻居们听说后都来安慰他。

老者又说："这怎么就不是一件好事呢？"

一年后，胡人大举入侵长城一带，壮年男子都被强制服兵役，而且绝大多数战死疆场，唯独他的儿子因为腿伤还没好得以免服兵役而保全了性命。

这便是大家熟知的"塞翁失马"的故事。这个故事说明了什么道理呢？

我们可以借助《道德经》第五十八章的句子来总结——“祸兮，福之所倚；福兮，祸之所伏。”这句话的意思是：**福与祸相互依存，互相转化。坏事可以引发出好结果，好事也可以引发出坏结果。**

人们也常说：失败是成功之母。物极必反是宇宙的普遍规律，坏消息在本质上都蕴含着好消息的种子，光明思维就是去发现这粒宝贵的种子。

要知道即使在地狱，也有一条通往天堂的路。意识到这一点，顺利时应该像海尔集团的创始人张瑞敏所言：“永远战战兢兢，永远如履薄冰。”意识到了问题就不会遭致危机，没有问题才是最大的问题。

反之，当挫折来临，一个人需要保持乐观的心态和重新开始的勇气。只有能够接受失败，才能再次拼搏。正如恩格斯所言：“没有哪一次巨大的历史灾难不是以历史的进步为补偿的。”而列宁说得更鼓舞人心：“为了更好地一跃而后退。”

5 辩证思维：处理困境的灵活性

当我们在生活中面临选择困境时，可以运用辩证思维去思考一下，这有助于我们更灵活地去处理困境。

再来看看这样一个故事：

智者问：“有用长寿还是无用长寿？”

来了一位老妇人，她回答：“当然是有用长寿。家里来了客人，我要炖只鸭子，肯定选不会下蛋的，下蛋的鸭子要留着下蛋。”智者点点头。

又来了一个小伙子，他说：“是无用长寿。我现在要去山里砍木头，因为我要结婚了，我肯定选那些高大笔直、质地良好的木材。至于那些矮小弯曲的小灌木我肯定不要，正是大家都认为它们无用，它们才得以活得长啊。”智者又点了点头。

大家糊涂了，面对两种相反的观点怎么智者都点了头？小伙子和老妇人争执起来，各不相让。

智者说：“你们俩都对，也都错了。对的是选择，老妇人你在鸭子上选择的是有用长寿，而小伙子你在木头上选的是无用长寿；错的是你们把鸭子和木头的选择扩大化为所有场景中的选择。”

是啊！生活是不同的，且时时变化着，我们不能简单地回答有用长寿还是无用长寿，而是要根据每个场景来选择。

生活中我们会面临许多这样的问题，这时就需要我们运用辩证思维具体问题具体分析。

6 沉浸式儿童思维教育：辩证思维的强化练习

我们启蒙孩子的辩证思维，重点就是帮助孩子慢慢形成对发展、运动、变化、相对、绝对等思维的认识，并培养孩子如下 6 个方面的思维：

1 “一与多”（如数字 1 与大于 1 的数字之间的关系）；

2 “分与合”（如一块蛋糕等分成几小块）；

3 “变与不变”（如图形和数字的大小变化）；

4 “相等与不相等”（如等式与不等式）；

5 “整体与部分”（如树与树枝、树干、树叶）；

6 “大与小”（如数字的大小、面积的大小、个子的高矮、人体的胖瘦）。

上述概念都是两两出现并被理解的：“大”离不开“小”，有“分”就有“合”，有“变”才有“不变”，“整体”和“部分”、“一”和“多”相互依赖。

那么，我们在生活中如何去启发孩子形成辩证思维呢？或者，更大一些的孩子该如何去培养辩证思维呢？我们可以通过问答培养辩证思维。例如：

1 妈妈：“说出一样你觉得大的东西。”

孩子：“大楼。”

妈妈：“大楼大吗？有什么比它更大？”

孩子：“大山。”

妈妈：“比大山大的呢？”

孩子：“海洋、地球、太阳系、宇宙……”

妈妈：“此刻你还会觉得大楼大吗？相对于山、海洋、地球、太阳而言，大楼却是小的啊。”

2 爸爸：“说出你觉得小的东西。”

孩子：“苹果。”

爸爸："有更小的吗？"

孩子："葡萄。"

爸爸："还有更小的吗？"

孩子："花生、米粒、芝麻、精盐、细菌……"

爸爸："你现在还认为苹果小吗？应该说，相对于西瓜而言，苹果是小的；而相对于葡萄、花生而言，苹果是大的。"

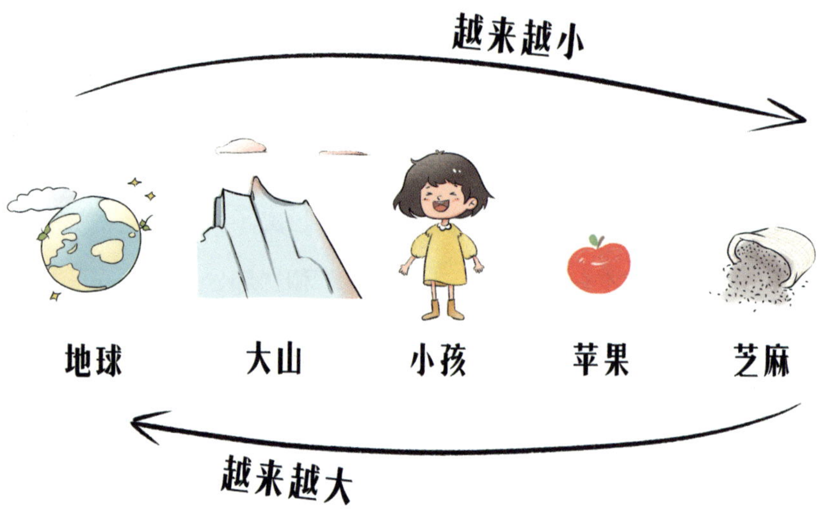

一切思维的发展都是循序渐进的，生活的每一个瞬间都是开启思维的金钥匙。我们可以应景地与孩子展开讨论，比如"白天重要还是晚上重要？""春天和秋天哪个季节更好？""晴天好还是雨天好？""有弟弟妹妹好还是没有弟弟妹妹好？"等诸如此类的问题，可以随时随地与孩子一起探讨。这不仅可以活跃气氛，更重要的是，我们正在有心且无痕迹地激发一个孩子的辩证思维，因为上述问题的答案从来就不可能像"1+1=2"那样确定无疑。

第 8 课 发散思维

——红砖有什么用？

金教授："我来问你一个问题吧：红砖有什么用？"

熊猫妈妈马上说："砌墙、盖房子啊。这个我知道。"

"还有吗？"

"这……"熊猫妈妈摸着下巴陷入了沉思。

金教授笑了笑，说："如果你觉得没有别的答案了，那么我们来问一问孩子们，看看他们会怎么回答。接下来的这一课旨在培养孩子的发散思维。开启了孩子的发散思维后，无论是面对学习上还是生活中的问题，他们都会积极开动脑筋，尝试寻求多种解题方案，而不会陷入'只有一解'的误区或恪守固定答案的'死脑筋'。在这样的尝试中，思维就会渐渐地开阔、敏捷、灵活，最终有可能走向创造发明。"

红砖的多种用途

如果我们问孩子这个问题，他们可能会说：

天冷风大时，可以拿来挡风；

不够高时，可以拿来垫脚；

遇见坏人时，可以当武器防身；

可以当哑铃来健身；

可以当砝码比轻重；

可以当镇纸防止风翻动纸张；

可以当榔头；

可以用来腌咸菜；

可以拿来画画……

太多太多，无穷无尽。

挡风

腌咸菜

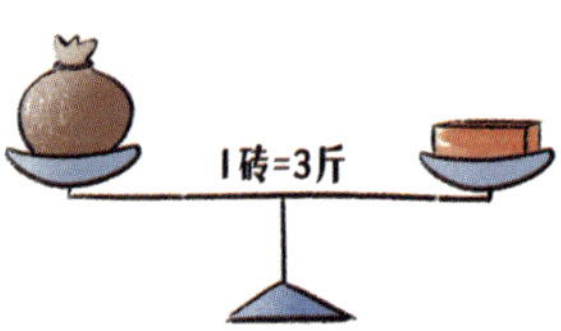

称重

健身

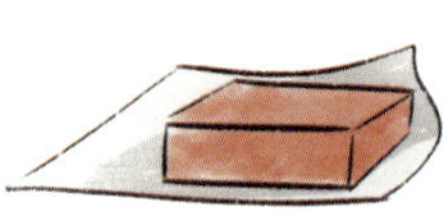

镇纸

画画

面对孩子们如此活跃的思维，我们光感慨是远远不够的，要反躬自问：“为何生活经验很多，答案却少得可怜？”**原因在于成年人思维的长期固化、单一。**

一旦我们突破了这种单一的固定思维，丰富多彩的答案就会映在眼前：用来玩多米诺骨牌游戏、灭火、代替乒乓球台网、练气功、用粉末当颜料、磨刀、当化工原料、防滑、投掷、雕刻、叠台阶、当作锤子钉钉子、当凳子、当搓衣板、测量板的承载力、称大象的体重、铺路……

我们先让孩子天马行空地想出足够多的答案，之后再启发孩子："你想想看，这些答案是否可以归并？"如果细细分析一下孩子的答案，会发现是有脉络可循的。

从砖块的形状出发，可以引申出建筑、垫脚、多米诺骨牌等用途。

从砖块的颜色出发，可以联系到画图、用粉末当颜料等用途。

从砖块的硬度出发，可以想到做镇纸、当凳子、用来防身等用途。

从砖块的重量出发，可以想到砝码、腌咸菜等用途。

从形状、颜色、硬度、重量等各个方面，结合具体的生活场景，在生活经验的启发下，我们可以想到无数的答案。思维一旦激活了，想象力如同泉水般喷涌而出。与其感叹这真可谓是一块神奇的红砖，不如真诚地点赞我们了不起的思维。

2 发散思维的训练

发散思维，又称辐射思维、放射思维、扩散思维和求异思维，是指大脑在思考时呈现的一种扩散状态的思维模式。它表现为思维视野广阔，思维呈现出多维发散状。"一题多解""一事多写""一物多用"便是发散思维的典型体现。不少心理学家认为，发散思维是创造性思维最主要的特点，是测定创造力的主要标志之一。

与此相似，我们不妨再进行一些发散思维的训练。在看答案之前，不妨与孩子一起先回答试试。

铅笔有什么用途？

经历了上面的红砖训练后，大家会说：

铅笔除了写字、画画的主要功能，还可以当礼物、纪念品；可以当筷子；可以放在手里转着玩；笔芯磨成粉后可作润滑粉，削下的木屑可以做成装饰画；可以充当眉笔；可以做记号；可以让小朋友用来学习加减法；可以用来拨鞋底卡着的石子；可以当竹蜻蜓下面的杆；可以截成一段一段，然后拴上绳子，做成风铃、门帘……

礼物

算术

筷子

竹蜻蜓

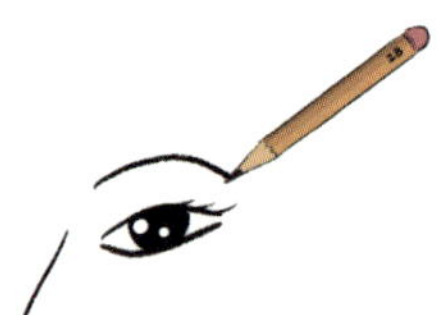

眉笔

原来，一支铅笔有那么多的用途，好伟大的铅笔啊！其实，伟大的不是铅笔，而是人的多样性思维。

玻璃缸就只是用来养金鱼的吗？

在这样的发散思维引导下，玻璃缸当然不只是拿来养金鱼的了。它可以养植物，如水培的吊兰、绿萝；可以养乌龟；可以用来放蜡烛；如果造型漂亮，那么什么都不用放，因为它本身就是装饰品。

人常常会因为生活的经验而将一个事物的主要功能直接视为其全部的功能。比如，碗是用来吃饭的，书是用来学习的，沙发是用来坐的……

这些没有错，但是会导致事物功能单一化，从而将其他功能自动丢弃，浪费了大量的可能性和资源，更重要的是这极大影响了创造力。遵循事物的主要用途又不局限于此，才能充分利用资源，生活也会因此而丰富多彩。

同理，在解决问题上，人们会很习惯和直观地选择一个常规做法和主要方法。例如，一直以来人们打扫卫生的方式是用扫把扫，这当然是合理的，但是，只能这样吗？显然不是。相对于扫这个方法，一开始就把灰尘吸掉似乎更合理，吸尘器便是一个好选择。一个扫，一个吸，有科技发展导致的先后，却不存在确定的好与坏，只是为我们提供了各有利弊的选择。

在搞卫生上，可以自己做，也可以找家政做；可以让人做，也可以让机器人做。

在家务劳动上，科技发展提供了越来越多的可能性而不是唯一、固定的方法。家务机器人技术越来越完善，难道就可以把家务全交给机器人吗？它只是给我们提供了更多的可能性。面对这么多的可能性，我们可以对其进行灵活的选择、转换，只为营造生活本身的美好。

发散思维往往是由一个点出发，多角度、多方向地思考答案或寻求对策。

这不仅体现在发明创造上，还体现在对世界、对人的理解和心灵的构建上，这使我不禁想起了苏轼的《题西林壁》。

3 《题西林壁》里的儿童发散思维引导

从不同的角度看世界，可以得到不同的体验，苏轼那首脍炙人口的《题西林壁》里也潜藏着发散思维。

横看成岭侧成峰，
远近高低各不同。
不识庐山真面目，
只缘身在此山中。

这首诗不是言志向之远大，也不是“一切景语皆情语”的情感诗。这首诗是以哲理见长，是作为哲学家的苏轼人生观和世界观的自然流露。一座山横看侧看、远看近看是不同的，尽管它是同一座山。事物本身在某一时刻没有变化，但是随着观察角度和位置的不同，观察者看到的景色却不相同，这是中国美学中经典的“移步换景法”，这对孩子看世界、想问题是有所启发的。

中国美学不追问普遍的本质，强调的是某一具体场景中的特殊感受；不追问恒定的规律，强调的是审美的多样性，这本身是很符合审美体验的。这首诗表达了苏轼作为一个旁观者对山的考察，体现了他对世界多样性的理解。

尽管换了不同的角度，看见了各种不同的风景，但苏轼是不可能只在山的外部看山的。作为一名哲学家，世界观将直接指导人生观；作为一名艺术家，只有远距离的考察是不够的，还必须深入其中去体验，去感受关于山的一切。因为就算在山的外部把山每个角度的风景都看遍，也无法说出对山的切身体验。正如一个没有吃过苹果的人，再怎么观察苹果，再怎么获得苹果的百科知识，都无法获得苹果在手上真实的触感和咬一口苹果在嘴里的香甜。

生命不仅需要有距离的观察，更需要切身的体验。“不识庐山真面目，只缘身在此山中”，即不了解庐山的真面目，只因身在其中。是真的“不识”吗？恐怕苏轼想表达的是因为身在其中，所以无法获得全局和整体的感受，但局部的体验和感受，也是生命存在的一种意义，这也是我们要让孩子明白的道理。

感性生活，理性思想。

从“红砖有什么用”开始问起，到铅笔，到玻璃缸，到做家务的扫把与吸尘器，再到《题西林壁》的理解，我想表达的是：

制度以一股强大而无形的力量规范着每一个人，把人们的观念变得越来越相似，思维变得越来越单一，生活也越来越外在化、符号化。一个理性的人需要具备一种意识，淬炼一种能力，即让自己从固化思维里走出来，实现思维的发散性和多样性。由此，你才能获得丰富和生动的思想，才能具备更大的能力去自由自在地生活。

4 沉浸式儿童思维教育：思维导图简易三步法

围绕一些事物提出有意思的问题，让孩子自由联想，多角度、多线索、多方面寻求答案，这样的训练是有助于孩子培养和增强发散思维的。

下面我们列举部分例子以供参考。

与孩子讨论一些能激发奇思妙想的问题。

比如“如果明天太阳不升起了，那么会怎样？”“如果你会飞，那么会怎样？”“如果人可以长生不老，那么你会选择吗？”善于用“如果……那么……”提出各种开放性问题。

列出一物的更多用途。

比如“电脑有什么用？”“汽车可以用来干什么？”“皮球、气球、铅笔、积木等有什么用途？”允许孩子的答案不那么现实，激发孩子想得快、想得多，提升创造力。

对于一个问题，想出多种解决方法。

一个问题，想出一个办法之后，不要结束，继续想，看看还有多少种方案，包括不那么现实可行的。这可以很好地训练孩子开拓解决问题的思路。比如“如果汽车中途没有油了，怎么办？”“如果你生病了，你该怎样完成家庭作业呢？”“如果在公园里你和爸爸妈妈走散了，你该怎么办？”等。

围绕一些概念充分展开想象，从直接到间接，不断延伸下去。

比如围绕“森林”我们可以展开想象：

古树、矿石、野生动物、落叶、潮湿、寒冷、露水、山洞、小溪、泉水、小草、野花、蓝天、猎人、猎物、猎狗、伐木、指南针、磁场、失踪、野人、宝物、脚印、蛇、守林人、木屋……

围绕“电视机”我们也可以展开想象：

科技、电器、进口、长虹、松下、彩色、新闻、文艺、节目、娱乐、学习、魔术、艺术、文学作品、制作、编辑、剪辑、字幕、音乐、歌唱家、电影演员、主持人、播音员、摄制人员、美工人员、天气预报、气象、功能、喇叭、开关、遥控、黑白、近视……

也可以是抽象的图形和概念，如围绕圆圈图形我们可以展开想象：

太阳、月亮、星球、圆盘、轮胎、镜子、窗孔、月饼、中秋、地球、水桶、瓶盖、圆满、铁环、铁饼、战鼓、水瓶、下水井盖、喇叭、飞盘、苹果、火车轮、方向盘、气球、热气球、汗珠、瞳孔、放大镜、镜头……

思维导图的联想练习

为了让发散思维训练更有趣味，我们可以借助思维导图来做这样的联想练习。下面我们简单介绍一下。

思维导图是一种将思维形象化的方法。它是由一个思考中心向外发散出成千上万的关节点，每一个关节点代表与中心主题的一个联结，而每一个联结又可以成为另一个中心主题，再向外发散出成千上万的关节点，呈现出放射性立体结构，而这些关节点的联结可以帮助人们记忆。

那么，我们该怎样引导孩子画思维导图呢？思维导图简易三步法是个不错的选择。

思维导图简易三步法可以帮助我们很好地强化发散思维。

我们以孩子们熟悉的苹果为例。

第一步，在一张白纸的中心画出中心主题——苹果。

第二步，从中心主题向四周开始画线。

第三步，展开联想思维，将中心主题联想到的关键词清楚工整地写在节点上。比如从苹果出发，孩子就会联想到它是水果、红色的、酸甜的、新鲜的、圆形的等，这些都可以作为关键词写在思维导图的节点上面。一张简单的思维导图就完成了。

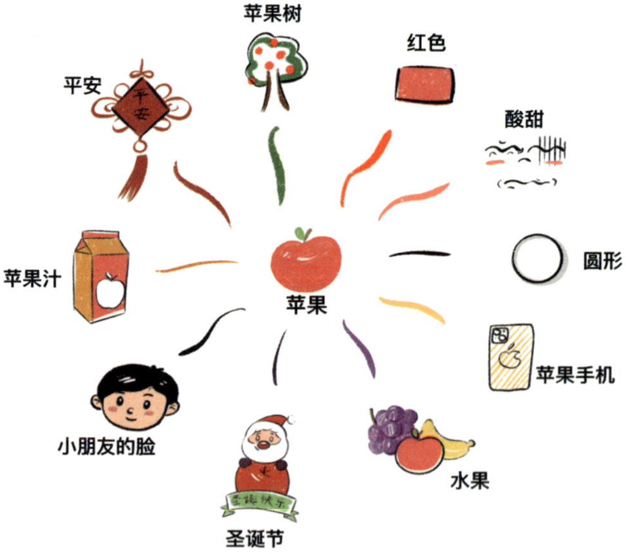

这里有几点需要说明：

1 如果想画得更有层次感，可以选择将线条由粗到细地渐变。

2 同理，为了更美观并起到区分作用，我们可以每条线采用不同的颜色，用以代表这些分支与主题的联系。

3 每个被联想到的关键词如果可以在旁边画上形象的图示，那就更生动有趣了，比如上图中可爱的小朋友的脸、圣诞老人、中国结等。

4 做到这里还只是最基础的思维导图，我们可以再以每一个关键词为中心主题继续做下去。下面我们以苹果做个示例。

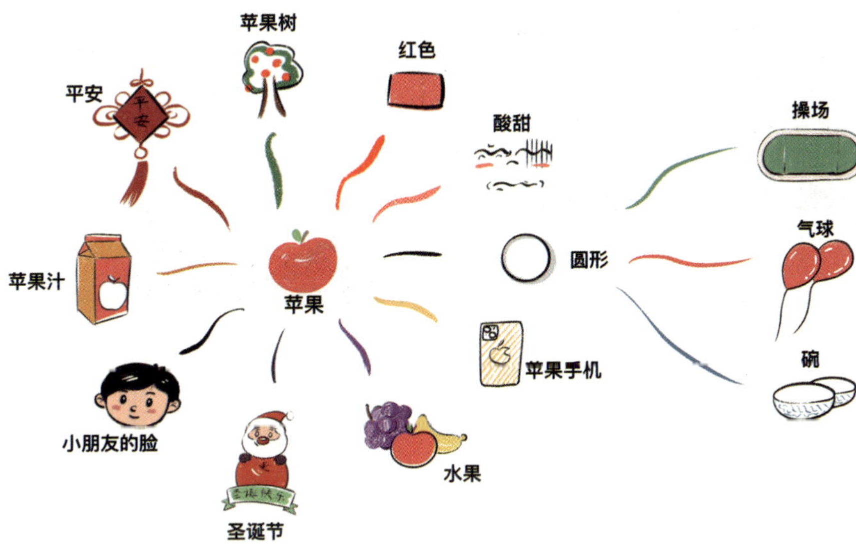

思维导图的训练可以培养孩子思维的发散能力和联想能力，使孩子能高效灵活、思路开阔地学习知识和解决问题。我们既可以选择具体的概念如城市、村庄、幼儿园、树、水果等，也可以选择抽象的概念如家庭、红色、快乐、失败等，由易到难，逐步激发孩子的想象力。

第 9 课　类比思维

——鲁班是如何发明锯子的？

熊猫妈妈：“熊猫哥哥昨天回来闹，说他选举班长失败了，是情况跟他差不多的同学小王当选了，但他有点不服气。”

金教授：“哦！你应该表扬他，他会做比较了，他把自己和小王进行比较的过程运用的是一种重要的思维——类比思维。类比思维是建立在寻找相似性的基础上的。他不服气就是因为他找到了那么多的共同点。”

熊猫妈妈：“那怎么办呢？难道他不高兴是对的？”

金教授：“你听我说下去。除了成绩好、遵守纪律、得的小红花一样多、乐意为大家做事这些共同点，他可能忘掉了作为一个班长还需具备的要素，如比其他孩子成熟，具有领导力。这一点，你家熊猫哥哥怎么样呢？记住，类比思维不仅要探索两个人、两个事物之间的共同点，还要关注共同点中的关键因素，这样相互借鉴学习和交流，才有助于成长和进步。”

1 育儿“三宝”：理念＋方法＋故事

一位在育儿方面做得成功的家长在课堂上与大家分享过他的经验：

无论是考察、看书还是听课，我都会随身带着本子，也许你们会觉得我不怎么记录，但其实我记的是三样于我而言最重要的东西：

一是几句理念。理念决定做法，理念指导人生。人与人的不同，家庭与家庭的不同，归根到底还是生活的理念不同和做人的理念不同。理念是人精神的核心，好的理念终身有益。

二是几个方法。做事情要找方法，方法总是比困难多，方法也因其抽象性而具有普遍适用性。

三是几个小故事。故事最能触动人心，一个好的故事有时比一句理念更有影响力。

把这“三宝”学到了，我觉得就足够了。每到夜深人静时，我就会围绕“三宝”好好想想我该怎样将它们落实到工作与生活中，学习也促进了我的成长。

家长在一起相互交流学习的，不也是这三个方面吗？如果一本书、一个讲座可以带给我们全新的理念、更好的方法和耐人寻味的故事，那便是知识的价值。归根结底，它们就是围绕道理、方法和情感展开的。

这位家长说的育儿经验，在内起到支撑作用的是**类比思维** 。

2 何为类比思维？

类比思维，是根据两个具有相同或相似特征的事物间的对比，从某一事物的某些已知特征去推测另一事物的相应特征存在的思维活动。它可以在归纳与演绎无能为力的一些领域中发挥独特的作用，尤其是在那些被研究的事物个案太少或缺乏足够的研究、研究资料的积累较少、不具备归纳和演绎条件的领域。

类比思维，是一种立足于事物与事物的相似之处建立起来的高效思维，它在人类的发展、科学的探索以及现实的生活中发挥着重要的作用。类比思维常常表现出由此及彼、触类旁通的高效，模仿、学习和借鉴便是这一思维最生活化的体现。

模仿和借鉴的既可以是具体的做法，也可以是抽象的观念，而出发点就是两者之间的相似之处。从思维进程上讲，类比思维可以具体刻画成这样：

因为 A 事物具有 a,b,c,d 的性质，

B 事物也具有 a,b,c 的性质，

所以，B 也可能拥有 d 的性质。

这里隐去了一个重要的环节：推导者认为 A 事物与 B 事物具有相似性。

因此，类比思维是一种基于两个事物具有的相似性，从个体到个体的横向驱动的创造性思维，不具备必然性，它是或然性的。也正因为它是或然性的，才可能是创新的。

反之，演绎思维因其必然的确定性，使得一切结果都蕴藏在前提之中无法创新。

正因这种与生俱来的创造性，类比思维在科学发现中才起到了特别重要的作用。由此，法国哲学家福柯提出了知识型概念，并明确指出早期的知识型是类比性的。

3 科学发现中的类比思维

类比在科学发现中发挥了重要的作用。

下面我们来看几个例子：

中国木匠祖师鲁班发明锯子，运用的就是类比推理。

有一天，鲁班的手指被草割破了。他仔细一看，这草很软但有齿轮，便

想到：丝茅草叶扁平长条，两边有齿，锋利，能割物；铁片扁平长条，两边有齿，锋利，也一定能割物。于是，鲁班就按照这个思路发明了锯子。

又有一天，鲁班的一只鞋子落到了水里，奇怪的是它居然没有沉下去。鲁班不懂浮力的原理，但他想到的是：一是空心，二是不漏水，空心又不漏水，就不会沉到水底去了。于是，他仿照翻头鞋的样子造了一艘可供出海打鱼的木船。

再看一个有关西方医学发展的例子：

奥地利医生奥恩布鲁格看见经营酒业的父亲在估量桶内的酒量时，常常用手指敲叩木制酒桶，凭着叩声的不同，他的父亲就能估计出桶内到底还有多少酒。奥恩布鲁格由此引发了新的思考：医生是否也可以根据手指敲叩病人胸部时发出的声响不同而做出诊断呢？

循着这条思路，奥恩布鲁格开始观察病例和进行病理解剖，探索胸部疾病和叩击声音变化之间的关系。经过大量的试验和研究，最后奥恩布鲁格写出了医学论文《叩诊人体胸廓诊断胸腔内疾患的新方法》。

通过不断的医学实践，叩诊——在诊断胸腔病情时医生普遍运用手指敲叩患者胸部和背部的方法，终于在 18 世纪中叶，成了现代临床医学常用的诊断方法之一。奥地利医生奥恩布鲁格发明“叩诊”的过程，就是典型的类比思维。

类比思维不仅有助于科学发展，还直接服务于科学技术的生产实践中。

我国新疆的塔里木河流域过去并不生产长绒棉，现在却能够生产出高质量的长绒棉。

原来，我国农业专家曾前往乌兹别克斯坦考察，发现该地区生产长绒棉。有的农业专家认为，乌兹别克斯坦与我国新疆的塔里木河流域在日照情况、霜期、气温、降雨量等方面均很相似，既然乌兹别克斯坦能生长长绒棉，那么我国新疆的塔里木河流域也应当能够生长该类植物。

后来经过实验，我国农业专家果真成功地将长绒棉种植到新疆的塔里木河流域。这里所运用的便是类比思维。其推理形式如下：

乌兹别克斯坦与我国新疆的塔里木河流域在日照、霜期、气温、降雨量等方面均很相似，

乌兹别克斯坦能够生长长绒棉，

所以，我国新疆的塔里木河流域也应当能够生长长绒棉。

此外，生活里处处存在类比思维：橡皮擦除书写错误的地方与锄头除草等相似；吸尘器吸掉地板上的灰尘与洗碗机清洗碗碟等相似；百洁布擦洗锅上的油污与汽车清洁剂除去汽车上的脏物等相似。概括言之，上述都是去除某样东西的产品和设备。

4 相似性：类比思维的关键

运用类比思维时，需要注意什么？对类比推理来说，提高结论的可靠性很重要。那如何提高结论的可靠性呢？这是用不同方式提出的同一个问题。

第一，在前提中，类比对象相同或相似属性越多，结论越可靠。

第二，在前提中，类比对象相同或相似属性与推演属性之间的联系越密切，结论的可靠程度越高。

不仅要挖掘相似点，增加相似度，还得分析这些相似点是不是促成结果的关键性因素。如果是，则借鉴的合理性强；如果不是，就得谨慎。结合现实可以理解为：两人之间共同点越多，则越可以被借鉴。因此，要充分挖掘出两者相似的本质，才可以大胆地去学习借鉴甚至模仿。同时，我们在与他人比较的时候要选择合适的参照，只有这样我们才能得出更为正确的结论。

若时不时地拿爱因斯坦、比尔·盖茨和凡·高等人做比较，能有多少意义呢？我们更需要进行有可比性的参照，与其和那些极少的天才型人物做比较，还不如去借鉴具有大基数的成功群体，比如考上一流大学的同学、教授群体，优秀的年轻艺术家群体或是优秀的企业家群体等。优秀群体势必是有一些共性因素的，探索其优秀的原因并学习借鉴其成功之道是有意义的。

5 沉浸式儿童思维教育：通过提问训练类比思维

类比思维，是立足于两个事物之间的相似属性而将两者联系起来的一种思维活动。人们能够通过类比，创造性地从已有事物出发去开启未知事物的发明。孩子可以借助类比去学习、思考、探索，由此及彼、举一反三、触类旁通地从本质上掌握知识。

类比思维的核心元素是相似性，相似性是人感官上对事物内在联系的一致性认识。可以是外形，如飞机与飞鸟、潜艇与鱼；可以是颜色，如太阳和火焰、葡萄和紫水晶；可以是功能，如吸尘器与抹布，各种机械手与鳄鱼夹；还可以是构成元素，如青菜、菠菜、黄瓜都是蔬菜……

因此，要了解相似性就不得不学习和把握事物的分类，分类本身就是建立在对具体事物属性全面认识的基础上的。

也就是说，当我们不断增加了对事物的认识，我们就自然而然地把握了很多类别；把握了丰富的类别，理所当然就可以在两个不同的事物之间找到相似点进行联系——这就是类比思维。

借助类比思维可以更高效地掌握知识。

类比思维是孩子进行探索学习的一种重要手段。一方面，它的形成依赖于各个学科知识的汲取；另一方面，它又反作用于各个学科知识的把握。如小学语文中的比喻、拟人、对偶、排比等手法；数学本身就是探索事物的共性或内在联系的一门抽象学科，里面也充满了类比思维。

我们可以从日常生活中的提问出发去培养孩子的类比能力。

问题 1：假设在水果店，我们可以问孩子：“水果有哪些颜色啊？”

孩子会说：“红色、黄色、紫色、绿色……”

我们可以继续问：“分别有哪些代表性水果啊？”

孩子会说：“红色的水果有苹果、草莓、火龙果，黄色的水果有香蕉、杧果、柠檬，紫色的水果有葡萄……”

问题 2：换一个周末家庭聚会的场景，我们可以问孩子：“你觉得你是和妈妈像呢还是和爸爸像？”

孩子可能会说：“我像妈妈，有一双大眼睛；我也像爸爸，喜欢睡懒觉。”

我们继续问："只有这些吗？"

孩子可能会给出更丰富的回答，例如"像妈妈的爱美、双眼皮、爱吃蛋糕……""像爸爸的鼻子、脸型和慢性子……"

之后，我们可以继续问："你觉得这些可不可以归并一下呢？它们有什么不同呢？"孩子可能一下子说不出来，我们可以从外在形象与内在习性、长相与性格等方面加以启发。

看起来上面的问答中没有类比，但是，它们始终在调动孩子求同的能力和意识，同时也在提升孩子观察和认识事物的能力。

还有很多的问题可以尝试，如"你觉得你们班里哪两个同学比较像？""苹果和橘子有共同点吗？""你觉得杭州和哪座城市更相似？"……

类比可以让学习变得更简单高效，因此，我们需要引导、启发孩子在学习的过程中积极主动地去做类比思考。

第10课 换位思维

——成长的密钥是什么？

熊猫妈妈：“农村亲戚家的孩子来我家小住，熊猫哥哥和熊猫妹妹开心极了。昨天他们兴致勃勃地带那孩子去郊外踏青，回来以后却闷闷不乐。我问了他们才说：‘我们好心带他去郊游，可是他一点儿都不开心，感觉白花心思了，好郁闷。’”

金教授：“真有趣。你的孩子乐于带亲戚家的孩子去玩，这证明他们很善良友好。可是他们考虑得太简单，说到底是从自己出发去想问题。对于大城市的孩子，郊外是充满诱惑的自由王国，可是对于一个每天与大自然接触，并在农村长大的孩子，郊外的景色可能就如同高楼大厦于我们的感受，没有一点新奇和刺激。”

熊猫妈妈：“是啊，这里面又有什么深层次的原因呢？”

金教授：“这主要是换位思维没有调动起来的原因。如果可以站在对方的角度去想的话，城市的 CBD（中央商务区），以及艺术馆、博物馆、科技馆或许是更好的选择。孩子们都很单纯善良，如果能再增加一点将心比心的换位思维，他们的世界会更开阔，心灵会更美好。”

是 6 还是 9？

让我们先看看下面这张图：

看着地上的数字，左边的人大嚷“6”，右边的人一手叉腰很有气势地说“9”，双方都坚持自己是对的，对方是错的。是这样吗？是数字会变戏法吗？都不是！

作为一个旁观者，我们都看得清清楚楚：“哎呀，你们俩干吗呀？你们的答案都是对的，只不过是你们所在的位置不同导致了看数字的角度不同，6 倒过来就是 9，9 转过来就是 6。”所以，对于一个事物，由于观察的角度不同，看到的也会不同，甚至可能因为角度偏差很大而导致看到的是截然不同的结果。

如果你觉得这只是偶然的情况，那么，我们再看看下面两张图片吧。

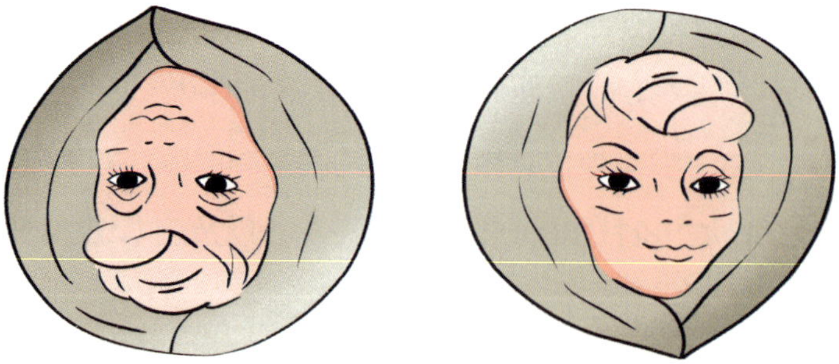

上面两张图中到底是老婆婆还是少女？左边那张图我们可以给它起一个什么样的标题呢？慈祥的老婆婆？发呆的老婆婆？还是什么样的老婆婆？家长和孩子有足够的想象空间来填空哟！我们把左边那张图的视觉角度颠倒一下，然后我们看到的却是完全不同的画面——美丽少女？大眼睛女孩？还是……？不管用什么标题，总之我们看见的是一位少女，这便是右边的图。

你看，同一张图片换个角度，呈现的却是完全不同的画面和主题。

伟大的发明家爱迪生在研究了 8000 多种做灯丝的材料后，有人问他："你已经失败了 8000 多次，还继续研究有什么用？"爱迪生说："我从来都没有失败过。相反，我发现了 8000 多种不适合做灯丝的材料。"

虽然我们希望自己一帆风顺，但是，失败、困难、挫折是不可避免的。如果我们可以理智地意识到所有的失败、困难和挫折，都给了我们更丰富的体验，给我们揭示了那些隐藏着的问题和不足都是对我们的挑战，我们就不会沉浸在失落的负面情绪里不能自拔。这样，成功和进步就越来越近了。**所以，很多时候换一个角度想问题，意义截然不同。**

面对枯残的荷叶，有人看到的是它的凋零败落从而无限感伤，但李商隐却发现了这一刻的美丽动人——"残荷听雨声"，赋予了独特的内涵；当人们为冬天的寒冷、了无生机而落寞无助时，雪莱道出了那句有着春天温度的话语："冬天已经来了，春天还会远吗？"从而给了人们无限的希望。

可见，关于世界的结论很大程度上取决于我们所处的位置。我们不妨换一个角度去看世界、想问题，这也是理性认识所必须的。下面来看一个故事。

一个人请一个盲人朋友吃饭，吃到很晚，盲人说："很晚了，我要回去了。"

主人就给他点了一个灯笼，他很生气地说："我本来就看不见，你还给我一个灯笼，这不是嘲笑我吗？"

主人说："因为我在乎你才给你点个灯笼，你看不见，别人看得见，这样你走在黑夜里就不怕别人撞到你了。"盲人听了很感动。

一件事情，理解不同，结果就会不一样；用不同角度看问题，就会有不同的见解。想人所想、急人所急，将心比心、换位思考，是处理人际关系的一种良好的思维方式，也是获得好情绪的秘诀。

如果家长经常念叨："为了让你安心读书，我天天辛苦工作、拼命赚钱……"同理，孩子心里可能会想："我天天学习也是很辛苦啊，不仅要用心，还要考试，考得不好还要被批评！"如此，双方互相传递的都是负面情绪。

的确，无论是工作还是学习都是辛苦的，我们可否换个角度多为对方考虑一下呢？结果可能就大为不同。

如果家长说："你每天从早到晚那么用心地学习，还要参加各种考试，真的辛苦，妈妈也很心疼你。但是，既然那么辛苦了，我们就好好学习，学出点成绩来好吗？"那么，孩子也会做出温暖的反馈："妈妈，你也很辛苦，要工作，还要照顾家庭。我们一起努力好吗？"仅仅是换了个角度，家庭气氛和亲子关系就都往正向发展了，工作和学习的压力自然也得到了释放。

超越观察者当下特定的物理位置和心理位置，试着从不同的角度去认识事物，从不同的立场去理解对方，将心比心，换位思考。这就是我们通常所说的换位思维。

2 成长密钥

一个人可以不成功，但是不能不成长。

对于成长，有着不同的诠释，如成长在外部的表现：长高了、漂亮了、有礼貌了……然而，与外部的表现相比，内心的成长才是根本。当我们把成长从一个外部的概念转化为一个内在的概念的时候，我们就在成长，这是一种将成长与生命紧密联系在一起的成长。

成长是生命的样貌，更是生命的本质。

人与世界之间，人与人之间，都需要适时地超越固定的自我本位，从他人的角度加以关照。立足于“自己 / 我”与“别人 / 他”这两个位置的调整，我们可以赋予“将心比心，换位思考”以更丰富的解释，这就是成长的密钥，也是幸福的重要来源。

将心比心，换位思考

那么，我们又该如何做到“将心比心，换位思考”呢？

首先，把自己当别人——我是他。

我们对别人往往比较客观严格，而对自己却常常比较宽容。可否将这份严格和理性用于对待自己？面对痛苦和挫败，就把自己当成别人，将自己“对象化”，分析痛苦的原因，寻求走出痛苦的方法，如此痛苦自然就减轻了，痛苦和挫败就会成为我们成长的阶梯；面对成功和欣喜，把自己当成别人，看到仍然存在的差距和继续努力的空间，这样成功就不会束缚住我们的进步，反而会助推我们的前行。人的进步从来是与反思同步的。

有反思的生活是哲学的生活，是一种有境界、有品质的好的生活。

概括地说，就是**“克己心修身”**，即严格、客观地要求自己；落实到教育上，便是言传身教，自己当好榜样。

其次，把别人当自己——他是我。

一个人会不自觉地自我宽容和自我原谅，如果我们能把这份宽容和谅解放到别人身上，推己及人，宽以待人，这样就可以看到别人的优点，理解别人的不足，这是“己所不欲，勿施于人”的中国传统文化的体现和要求。

概括地说，就是**“宽容心待人”**，即理解他人，体谅他人；落实到教育上，便是培养孩子的同情心和博爱之心，对别人给予的帮助要懂得感恩。

再次，把别人当别人 ——他是他。

在“人同此心，心同此理”的普遍性的基础上，每个人都是独立的个体，每个人的生命是独一无二的。正视人与人之间的不同，就会充分尊重每个人的独立性和差异性，而不会贸然地、随意地、无理由地对别人横加指责。求同存异是普遍性与特殊性的统一。

概括地说，就是**“尊重心处世”**，即给他人自由和空间；落实到教育上，便是让孩子学会尊重他人、善待他人，学会理解差异，进而做到求同存异。

最后，把自己当自己——我是我。

我就是我，是颜色不一样的烟火。我是我自己，我的人生是自己选择的，我要为我自己的行为负责，既要敢于承担后果，又要勇于为理想奋斗。自己认为对的，要坚持；自己想做的，要实践；自己的心声，要倾听；自己的理想，要执着。独立之精神、自由之思想、执着之信念，这是生命力最生动的底色。

概括地说，就是**“执着心做事”**，即坚持自己认为对的事情；落实到教育上，便是培养孩子的责任感、勇气和担当。既然选择做一件事，就得坚持下去，不畏艰难险阻，勇于兑现自己的承诺。

克己心修身，宽容心待人，尊重心处世，执着心做事，这便是成长的密钥。

当看到一只羽翼渐丰的幼鹰，带着对广阔苍穹的向往，努力地使出全身的力量飞起时，可以感觉到它的成长里充满了幸福。成长不仅是体格强健的过程，也是认识提升的历程，更是幸福升级扩大的进程。

幸福伴随身心的成长而无限生长蔓延。

3 沉浸式儿童思维教育：如何养育出温暖聪慧的孩子？

当一个孩子面对大人无微不至的爱护却认为理所应当时，他有没有“把别人当自己”？

当一个孩子总为自己的过错或失败寻求借口或理由时，他有没有“把自己当别人”？

当一个孩子看到不同的人和事，便简单地认为是错误的并横加指责和排斥时，他有没有“把别人当别人”？

当一个孩子遇到一点点困难就开始摇摆不定，事事都要仰仗大人才决定时，他有没有“把自己当自己”？

如果上述的情况在现实里比比皆是，这会是一个充满幸福和快乐的画面吗？当然不会。反之，我们也可以设想出另外的场景和可能的结果。

孩子对父母、老师和同学充满感恩。

结果便是：成为一个讨人喜欢的孩子，因为懂得感恩也会获得更多的爱。

孩子遇到问题首先会找自己的原因进而改进，知道自己的事自己要尽力。

结果便是：不断提升自己，走在进步的道路上。

孩子可以包容不同的人和事。

结果便是：能认识并体验更丰富的世界。

孩子认认真真地去做一件事，不轻易放弃。

结果便是：能成为一个有责任、有担当、能决断、能坚持的孩子。

幸福、快乐，从来都是建立在与他人的良性互动之上。换一个角度，世界会更宽容，生活也会更美好。在认识世界的过程中，单一角度是不足的，在不同角度之间有机地转换，才能认识得更精彩。

记得有个故事是这样的：

一位父亲让儿子递给他一支笔，儿子随手递过去，不小心把笔头那边交在了父亲手里。

父亲就对儿子说："递一样东西给人家，要想着人家接到手了方不方便。你把笔头递过去，人家还要把它倒过来，倘若没有笔帽，还有可能弄人家一手墨水。剪刀一类物品更是这样，绝不可以拿刀口、刀尖对着人家。"

这就是叶圣陶先生在教育子女要多为他人着想时举过的一个例子。

我们可以用提问的方式和孩子聊天：

1 在商店、饭店、办公楼，我们是不是常常看见有很多人会自己用力推开沉重的大门，一直等到后面的人进去后才松手？这是为什么？因为我们心里想着他人。

2 在公交车上，很多人会给我们让座，因为我们是孩子，可是我们是不是也应该给更需要的人让座，比如老人和弟弟妹妹？

3 看见自己喜欢的玩具，我们会不会想到别的孩子也喜欢，因此不能自己霸占不给别人玩？

4 遇到好吃的或爱吃的，我们会不会想到"爷爷奶奶可能也爱吃，我要给他们留着"？

我们可以和孩子一起想想：在哪些场景中，我们做到了为别人着想呢？

培养换位思维，养成一个温暖聪慧的孩子。

孔子说过：“己所不欲，勿施于人。”意思是说不要把自己不喜欢的事情强加给别人，而是要设身处地地为别人着想。俗话说的“前半夜想想自己，后半夜想想别人”也是这个道理。

还有一句更美好的话：赠人玫瑰，手有余香。当一个人心里想着他人，爱心与善行就会让他自己感觉到很快乐，而这也会让他成为人见人爱的好孩子。

第 11 课 空间思维与时间思维

——思维的深度拓展

熊猫妈妈：“今天孩子回到家哭哭啼啼的，一问才知道是被老师批评了。”

金教授：“哦，仅仅是因为被老师批评了吗？”

熊猫妈妈：“还有就是……老师态度有点差，所以孩子觉得更委屈了。”

金教授：“这里有两个问题：一是看问题格局要大，这样才能心胸开阔。老师批评自己可能也是为了自己好。从这点来看，孩子需要加强空间思维。二是老师批评自己是有原因的，可能不仅仅是因为今天的作业做得不够好，而是因为这一段时间自己整体的表现有所下滑。因此，孩子还需要加强时间思维。

“空间思维让我们看问题由己推人，心胸宽广；时间思维让我们用发展的眼光分析问题，从现象出发挖掘原因，并关注事件发生的整个过程。空间思维和时间思维分别对应了我们常说的横向思维和纵向思维，有助于拓宽思维的广度和深度，可以给孩子的思维营造更大的空间和可能性。”

空间思维：看中国必须看世界

正如黑格尔所言，哲学研究是需要前提的。“追求真理的勇气，相信精神的力量，乃是哲学研究的第一条件。人应该尊敬他自己，并应自视能配得上最高尚的东西。”帮助孩子去提升思维也是有前提的，那前提又是什么呢？

一个前提就是：对社会的发展趋势做出整体性把握。

这就要求我们站在高处看世界、看社会，乃至看人。

这一前提因其本身要求之高而显得有难度，而恰恰是因为其有难度，我们才不得不努力。肯尼迪说：“人类为什么要选择登月，不是因为简单，而是因为它实在是太难了。”这可谓是一语中的。

那么，我们如何去实现这个有难度的前提目标呢？我想通过两个大家熟悉的概念——时间和空间，帮助大家画一个坐标系或建构一个立体的世界观。

首先我们来谈谈空间。空间是横向的，我们可以形象地将空间性表现为一个横坐标或一个横向的平面。在表示空间性的同时，我们需要给出一个观念：看中国必须看世界。

为什么？

理由很简单：第一，中国一直是世界的一部分；第二，在互联网时代，世界俨然成了一个地球村，随着中国的崛起，中国与世界之间的关联日益紧密，中国对世界的影响也日益增强。

作为一个中国人，如果在中华民族前面加修饰语的话，你会怎么加？

上面这个问题是我在面试学生时，曾多次问起的一个问题。它看起来很简单，但其实并不简单。它在考查学生两个方面的能力：一是对自身民族的认识，这是思想层面的问题；二是如何将认识用清晰的语言加以表述，这是语言层面的问题。

待大家都表达过后，我会给出一个自己的答案——“伟大而多难的中华民族”。这往往会得到大家的一致同意。我的这一想法得益于自己书架上的一本书——德国作家托马斯·曼的作品《多难而伟大的十九世纪》。

如果同意“伟大而多难的中华民族”这一说法，那么就意味着我们必须同意如下两个命题：伟大的中华民族和多难的中华民族。

那么，为何说“中华民族是伟大的”呢？同学们可能会争先恐后地说：“因为中国有四大发明，中国有唐诗宋词，中国有长城、故宫……”

如果我们同意上述可以作为“中华民族是伟大的”这个结论的可靠论据的话，就不得不承认让这样的论证得以成立的，还有一个隐性的并被大家普遍认同的想法，那就是：这些都是中国独有的或独具特色的，是将中国与它之外的世界相比较的结果。

我们继续讨论为何说“中华民族是多难的”。要回答这个问题，不仅要讲清楚中华民族一百多年多灾多难的近代史，而且还需要把世界拉进来。如果单纯从自身出发去讨论，是难以搞清楚的，也是不全面的。

我们用“看中国必须看世界”这句话来诠释空间思维，并非仅仅用于如何看待中国，而是旨在强调两点：一是构筑大格局是思维发展中不可缺失的重要一环。认识的一个重要来源便是对世界的感知，一个人需要不断地拓宽自己认识的空间范围，才能突破身体的限制看到更大的世界，构筑宏大的格局，从而才有可能培养有高度、有质量的认识乃至理想情操。二是故步自封、做井底之蛙，不仅从空间束缚了思维的发展，与之对应的认识往往也是偏颇狭隘的。因此，让我们主动地、充分地开拓空间思维，帮助孩子看到更大的世界，构筑宏大的格局，从而播下理想情操的种子。

❷ 时间思维：看今天必须回头看昨天，确立发展意识

我们常常只会死板地看待今天发生的一切不如意，却忽略了它是一个逐步从昨天发展过来的过程。今天是从昨天走过来的，同理，今天也正走向明天并最终会成为昨天。因此，看今天必须回头看昨天，这说的并非仅仅是通过回望而理解今天的一切，更重要的是如何带着对明天的展望和追求过好今天，做好今天的事。简而言之，时间思维就是要我们确立发展的意识而具有远见。《左传》有云："……君子务知大者远者，小人务知小者近者。"说的便是这个道理。

相比而言，人们在时间上的观念要比在空间上的观念匮乏得多。从我自身的观察来看，许多人因缺乏这样的观念而不自觉地陷入不踏实、不乐观、不担当的人生状态。

看今天必须回头看昨天，这是一个确信无疑的观念，

它可以帮助我们更加准确地理解今天的生活和社会，

更重要的是，它可以帮助我们带着对明天的展望过好今天。

首先，看看生活。我常常听家长抱怨："父母为孩子可以付出一切，可孩子却不太懂得感恩和报答。"

事实判断与价值判断，是哲学上按照判断的内容来划分的两种基本判断类型。

对事物本身事实的描述和判断称为"事实判断"，如"这花是红的"；对主客体之间价值关系的肯定或否定性判断称为"价值判断"，如"这花很美"。

这是一个客观事实。中国的父母往往都是特别无私地爱着自己的孩子。虽然父母爱孩子是天性，但在我看来中国父母尤甚。因此，中国的很多孩子在对爱的感知和回应上往往做得不够。这不仅是事实，还是个不太让人满意的事实，难怪家长会抱怨。可是为什么会这样呢？是学校教育的责任吗？这难道跟家长没有关系吗？让我们回头看看昨天、看看自己吧。

我的孩子小时候，我没有让他去读比较有名的小学，而是依据就近原则让他就读于小区内的普通小学。我始终认为，学习主要靠自己，学校和家庭各占一半。然而，社会却缺乏这样的观念，这也许就是学区房房价暴涨的原因之一。

孩子在小区里读书，家长自然可以了解到他们上学、放学的情况。每天早上，孩子们在爸爸妈妈或爷爷奶奶的护送下到达校门口，书包很大，可是基本都不在孩子的身上；放学了也是同样的场景，大人们在门口翘首以盼，孩子一出来书包就换了人拿，好吃好喝地被“伺候”着。为何？“书包太重了，孩子背不动。”“学校的饭菜和点心都太差了，孩子吃不下去。”这些情景每天都在我们身边重演。

我想问问家长：你觉得人生很轻松吗？相对于一个书包，哪个更重？家长在外面辛苦一天，孩子在较好的环境里读一天书，谁更需要被表扬呢？

人生本就是一场艰难的旅行，就算目前还很顺利，但这并不意味着明天就一片坦途，我们从来不知道明天会发生什么。所以，一个人需要做的是勇敢地担负起自己的责任。那么，就从背起一个书包开始吧！

一个人既要能悦享富贵，也要能坦然面对贫穷。孩子读好一天的书，家长上好一天的班，每个人都在做自己该做的事，不需要什么特别的褒奖。如果我们都能这样想，就不会再去替孩子背书包，任由孩子挑三拣四了。我们会更加理性地去爱孩子，每一天都在悄无声息地培养一个不断大写的“人”。

不理性的爱、没有厚度的爱，只能消解人的崇高感，让人趴在地上，无法承受压力和挫折，一切的关爱都会因过度而变得理所当然，顶天立地、栋梁之才这样的目标也会与我们渐行渐远。

可是，为什么那么多中国家长还这样做呢？这与一个人的认识能力有直接的关系。人因什么而为人？人生到底是什么？怎样才能读好书？读好书到底想干什么？对这些问题的不同认识，直接导致了不同方式的爱。

讲到这里，有些朋友会说：“经你这么一说，还真的觉得自己有些爱给得太多太廉价了。好后悔当初没听您的课。”

“没事，再生一个。”我开了个玩笑。但“人生处处可以拐弯，你随时可以重新开始”这句话不是玩笑。

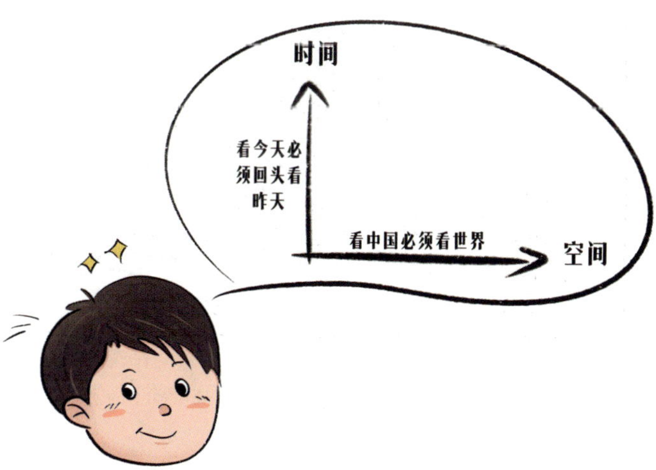

③ 动力源：与孩子一起读书

至此，我们已经画好了一个坐标系，建构了一个大世界。

可是，如何才能让自己超越时间去对昨天进行更深的回望？如何超越空间去对世界进行更远的探索？有一个不可或缺的方法，用两个字说就是“读书”，用三个字说就是“读好书”，用一句话说就是“静下心来用一生读好书”。

在林语堂脍炙人口的佳作《读书的艺术》中有写道：“那个没有养成读书习惯的人，以时间和空间而言，是受着他眼前的世界所禁锢的。他的生活是机械化的、刻板的，他只跟几个朋友和相识者接触谈话，他只看见他周遭所发生的事情。他在这个监狱里是逃不出去的。可是当他拿起一本书的时候，他立刻走进一个不同的世界；如果那是一本好书，他便立刻接触到世界上一个最健谈的人。”

读书是拓宽思维广度的源源不竭的动力。

我们不是不需要实践，而是在没有读书基础上的实践，有可能只是一次次重复的徒劳。书里呈现的就是精彩的过去和纷繁的世界。

因此，我们要多读书，并且将读书与实践相结合，这样我们才能拥有更丰富的生活和更广阔的世界。

给家长们一个建议：帮助孩子们养成爱读书、读好书的好习惯。非常重要的一点是，不要让孩子功利性地去读书。

列夫·托尔斯泰说“理想的书籍，是智慧的钥匙”，高尔基说“书籍是人类进步的阶梯”，莎士比亚说“书籍是人类知识的总结，书籍是全世界的营养品”。只有“心上乾坤”，才能“笔下春秋”。

确实，多读书、读好书对于孩子来说是非常有益的。书本就像是一把钥匙，能够打开五彩的知识世界。读的书越多，你的世界就越丰富多彩，自然你收获的也就越多。

当然，我们不能鼓励孩子功利性地去读书。如果一个孩子去读文学作品是为了提高语文的成绩，去背一些唐诗宋词是为了在别人面前炫耀，那这些都偏离了读书的本质，因此也就不能真正地养成读书的习惯。孩子不带功利性地去读自己喜欢的书，带着这种喜欢去读，那么孩子一定会喜欢上越来越多的好书，而沐浴在好书的阳光下，自然也能健康地成长。

在这样一个千变万化的时代，我们不能保证孩子将来做什么工作，所学知识一定一生有用，但如果能给他一个丰富的心灵和坚强乐观的人格，就可以让他们的人生不那么无聊和脆弱。

不仅如此，读书的过程也有助于培养孩子一些好习惯和好品质。

/ 读书不能懒。

俗话说“书山有路勤为径”，读书的成功，“勤”为秘诀。从古至今，凡成名成家者，均是勤奋的楷模。这样不知不觉中，我们就培养了孩子勤奋上进的好习惯。

2 读书不能浅。

走马观花，浅尝辄止，终究无法进步。应景作秀，附庸风雅，最终自欺欺人。读书是一个思考和由浅入深的探索过程。自然而然，我们帮助孩子养成了乐思好问的好习惯。

3 读书不能躁。

急急躁躁，想一蹴而就，结果一事无成。毛毛躁躁，静不下心来读书，一目十行不求甚解，最终一无所得。如朱熹所言："读书之法无他，惟是笃志虚心，反复详玩，为有功耳。"读书务必专注、循序渐进并持之以恒。渐渐地，我们由此引导孩子养成了专注执着的好习惯。

要知道，通过读书，我们不但打开了孩子认知的大门，而且可以顺理成章地帮助孩子渐渐养成勤奋、探索、专注、执着等优秀品质。更重要的是，如果小时候爱上了读书，那么这一辈子可能就跟书结下不解之缘。

我特别喜欢林海音的那句话："记住，你是吃饭长大，读书长大，也是在爱里长大的！"读书还会通达更深层的爱，包括爱的表达与理解。

4 沉浸式儿童思维教育：帮孩子确立思维三维立体模型

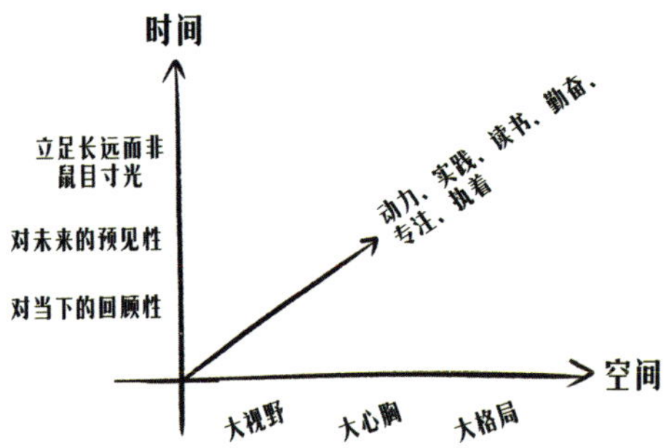

培养孩子的时间思维就是：要培养孩子对当下的回顾性和对未来的预见性。建立“今天发生的事情有之前的原因”“今天的一切为明天种下了种子”“一个人要立足长远，眼光短浅无以成大事”的时间观念。

培养时间思维可以从一系列问题出发，如：

“他今天的优秀是天上掉下来的吗？”（此处的“他”可以是孩子佩服的任何一个人。）

“如果没有一次次的努力，今天你的画会那么美吗？”

“参天大树今天的枝繁叶茂离得开小树苗一天天地慢慢长大吗？”

“鸟之所以可以自由地飞翔在高高的蓝天上，难道不是来自于它们过去一次次不屈不挠的练习吗？”

“所以，我们想要以后成为有本事的、令人尊敬的人，我们现在该做到什么呢？”

培养孩子的空间思维就是：要扩大孩子的视野，增加孩子的见识，拓宽孩子的心胸，帮孩子建立大的格局。让孩子遇到事情不要只想自己，要有别人、大家的意识；遇到挫折不要灰心丧气，遇到成功不要自以为是，不要被小小的利益诱惑，不要狭隘、小家子气。

结合生活场景灵活地提出一些有意思的问题也是培养孩子空间思维的好方法。如：

“我们喜欢吃米饭或馒头，难道全世界的人都这样吗？”

“我们现在出行靠地铁、汽车 、高铁和飞机，除了这些，是不是有的地方的人靠船和雪橇或者别的方式呢？”

“当我们这里是炎炎夏日的时候，整个地球都是炎热的天气吗？”

“你能告诉我寺庙与教堂的区别吗？”

“你能在地球仪上快速地找到中国吗？”

为达到上述的目标，我们需要提供可行性的指导，这便是动力机制。主要有两个方面：

第一，从事丰富的实践活动。

可以带孩子多参观各种场馆（博物馆、美术馆、艺术馆等），多参加各类活动（传统节日庙会、手工活动、公益活动、儿童剧、音乐会、球赛等），多去旅游、运动等。尤其是图书馆、书店、文化馆等的活动，如手工、中文绘本阅读、英语绘本阅读、知识讲座、科学实验、现代科技体验、传统民俗体验等，对孩子十分有益。

无论是哪种方式，让孩子多接触不同的人与事，多一些不同的体验，有助于开阔孩子的眼界，并培养孩子的沟通能力、动手能力以及爱的能力。

第二，多读书，读好书。

受制于我们自身生命的局限性，我们终究难以亲身走遍世界的每一处，更无法穿越时间回到过去。值得庆幸的是，我们可以通过阅读书籍去了解过去和整个世界。多读书，自然而然地为孩子们打开了知识的大门，让他们看到了一个精彩纷呈的广阔世界。

由此，我们必须强调，读书才是增加对世界理解的最佳方式。如果没有这一点作为基础，上述的实践活动所能发挥的作用是很有限的，往往只能停留于表面无法抵达心灵。

在时间、空间、动力（实践与读书）的共同作用下，孩子可以不断地拓展自己看世界的深度与广度，并悄无声息地养成一系列好的习惯和优秀的品质，从而在不知不觉之间播下真善美的种子，建构不一样的精彩人生。

第 12 课 逻辑思维

——儿童思维的进阶钥匙

熊猫妈妈：“昨天熊猫哥哥和他班上的数学高手小 K 让我和他们一起玩游戏，规则是这样的：有 3 个信封，2 个分别装有 10 元钱，另一个装有 5 元钱。熊猫哥哥和小 K 各抽取一个，猜对方抽到的是多少钱。谁先猜对谁就有奖，奖品就是剩下那个信封里的钱。”

金教授：“很有趣的益智游戏，结果呢？”

熊猫妈妈：“第一次，熊猫哥哥抽到了 5 元钱，小 K 抽到了 10 元，还没等我发问，熊猫哥哥就猜到小 K 是 10 元，而小 K 从熊猫哥哥猜自己是 10 元，倒过来推知熊猫哥哥是 5 元，两人算是打了平手。可是之后熊猫哥哥却连着两次都推测不出来。”

金教授：“这道题，2 个 10 元 和 1 个 5 元，只要抽到 5 元的，直接就知道对方是 10 元，虽然简单，但也是逻辑思维。逻辑思维对孩子知识的学习是很有帮助的，当然，对培养孩子做事想问题的条理性和执行力也同样有根本的作用。要记住，逻辑思维是儿童思维发展从初级走向高级的进阶钥匙。”

如何提升逻辑思维能力？

如何提升逻辑思维能力？作为一名哲学系逻辑学专业的教授，看到这样的问题很是欣喜，大家终于开始重视逻辑思维能力了。但是，提升逻辑思维没有捷径。

我将提升逻辑思维的方法简单概括为三点：

1 一个不可或缺的基础：系统学习逻辑学知识，掌握逻辑规律与规则。

2 一个高效的原则：“三个 W”思维三部曲。

3 一个开放性的建议：学习技巧，勇于实践，善于总结，增加知识的厚度。

首先，一个不可或缺的基础：提升逻辑思维能力，学习逻辑学知识是必要的。

有人会说我没有学过逻辑知识，条理不也一样清晰吗？但如果你学习了逻辑知识，思维一定会更清晰。学习一门学科的必要性，需要对同一对象学前和学后进行比较后才能发现，在不同对象之间的比较本身就是缺少逻辑思维的表现。

逻辑学是研究思维规律与规则的学科，被联合国教科文组织列为最基础的学科之一。结合逻辑学的主要内容，逻辑思维能力可以具体概括如下：

概念要明确，判断要恰当，推理要有效，论证要有力。

“老师说，人是从猿进化而来的。我是人，所以我也是从猿进化而来的。可是，大家又都说我是妈妈生出来的，这到底是怎么回事？”这是一个小孩子接受了知识教育后发出的疑问，大人听了除了在一旁边笑边说出“不是这样的，你是你妈妈生的”这类话语外，是否能清楚地告诉孩子他错在哪里吗？显然，这并不容易。

很多时候我们明知道对方是错的，但却无法准确解释错的原因。这个孩子的烦恼是将作为一个集合体的、整体意义的“人是从猿进化而来的”与一个单独的、普遍意义上的“人”（“我是人”）混为一谈，将两个不同的概念混淆在一起，于是陷入了矛盾。如果学过逻辑学，我们就能清楚地知道，集合概念的“人”和非集合概念的“人”是不同的，不可以互相替代。

这样的错误在日常生活中比比皆是。比如“为人民服务，我是人民，所以为我服务”“青年是祖国的希望，我是青年，所以我是祖国的希望”……

概念要明确是基础，因为概念是思维的最小单位。

如果我们不能把概念搞清楚，
那想拥有清楚的逻辑思维是不可能的。

接下来再看一个推理和论证的例子。

有一年，某省中专入学考试的数学试题中有这样一道题目：“有一个三角形，已知它的三条边分别为 3cm 、 4cm、 5 cm ，请问：这是个什么三角形？ ”

许多考生都知道这是个直角三角形，但他们是怎样来论证这一点的呢？不少考生是这样论证的：

从毕达哥拉斯定理中得知：

凡是直角三角形都是一条边的平方等于其他两边平方之和，

这个三角形是一条边的平方等于其他两边平方之和，

所以，这个三角形是直角三角形。

这样的论证是正确的吗？事实上做出这样论证的同学没有得到分数，但是他自以为完全没有问题。

问题出在哪里呢？根据逻辑学知识，一个三段论就是两个不同的命题（前提），通过一个共同概念推出一个新命题（结论）的推理过程。我们用“苹果”“水果”“这个橘子”分别替换“直角三角形”“一条边的平方等于其他两边平方之和”“这个三角形”，从而生成了新的推理，如下：

凡苹果都是水果，

这个橘子是水果，

所以，这个橘子是苹果。

“凡苹果都是水果”是正确的，“这个橘子是水果”也是正确的，但结论“所以，这个橘子是苹果”则是错误的，橘子永远不可能是苹果。既然我们同意这个推理是错误的，那么就自然要承认上述考生的回答也是错误的。虽然内容不同，但犯的错误是一样的。

逻辑学是研究思维的规律与规则的，它不讨论内容本身，只研究推理的结构是否正确。上述的错误不是内容上的错误，而是结构上的，也就是说按照上面的模型，不管填进去什么内容，从严格的科学意义上讲都是错误的推理与论证。为了让推理和论证达到高度的精确，我们需要的正确答案是：

从毕达哥拉斯定理中得知：

凡是一条边的平方等于其他两边平方之和的三角形是直角三角形，

这是一个一条边的平方等于其他两边平方之和的三角形，

所以，这个三角形是直角三角形。

逻辑学的知识点很多，比如四大基本规律：不要自相矛盾的**“矛盾律”**，不要模棱两可的**“排中律”**，不要首尾不一致的**“同一律”**，不要牵强附会的**“充足理由律”**。每一条对我们的思维和表达都很重要。

我们常提到的定义、划分、概括、限制等方法也可以从逻辑学中获得更清晰的理解。

古人云，“得意忘言”。逻辑学的知识点很多，需要稳扎稳打地学习，但不要忘记学习知识是为了提升整体的素养。相比于知识，逻辑素养显得更为重要，离开了对逻辑学知识的学习，逻辑素养便是无源之水；学习了逻辑学知识却没有提升逻辑素养，那便是本末倒置。

其次，一个高效的原则：“三个 W”思维三部曲。

接下来，我们谈谈由 What（是什么）、Why（为什么）、How（怎么做）构成的“三个 W”思维三部曲。这是我对多年逻辑学教学和实践经验的总结。

“是什么”是对思维对象的性质分析，

“为什么”是对思维过程的动力和目的的探索，

而“怎么做”是基于上述分析的行为决策。

三个阶段环环相套、层层递进，而思维具有普遍的指导意义，在生活、工作、学术等方面都发挥着作用。

对人生的思考最终都要落实到实践上，但如果没有形而上的思考，何来形而下的行为?

作为哲学老师，我把生命哲学概括为三个问题推荐给大家：

1 你理解的生命是什么？（What）

2 你为何这样理解生命？（Why）

3 你将如何去展开这样的生命？（How）

这就是人生的全部问题，人生的差异就体现在这三个问题上。糊涂的人要么不去思考这些问题，要么没有能力进行系统化的思考，还有一部分是想了却做不到，知行不合一，那就不再是思维层面的问题。

逻辑思维能力同样可以细分为三个彼此相关的问题：

1 大家想提升的是什么？（What）

答案是：逻辑思维能力。

2 为何想提升？（Why）

每个人肯定有一堆的答案，答案越有分量，越能支撑学习的热情和动力。

3 如何提升？（How）

出于对职业的热爱和责任，我给了一些建议，不完备但一定有助于你。

小到一个概念，大到职业选择和人生设计，若能利用“三个 W”思维三部曲展开，就不会陷入一团迷雾之中了。

最后，再给大家提若干开放性的建议：学习技巧，勇于实践，善于总结，增加知识的厚度。

那么，我们又该如何根据这些建议去提升逻辑思维能力呢？

首先，听好课，助推知识内化。

在系统学习逻辑学的基础知识与方法的同时，如何将它更好地运用到实际思维中，这是有难度的。逻辑学因研究形式和结构而具备了抽象的性质，学好知识是第一步，如何结合实际加以运用并促进思维能力的提升是第二步，也是很难的一步。

要学好逻辑学，我们需要跟随老师听好课，阅读好文章。将生动有趣的例子和抽象的理论相结合，不仅可以领略妙趣横生的学习氛围，更有助于将抽象的逻辑学知识以及分析理性的逻辑精神内化为心灵素质与人生价值。

其次，一定的实战演练也有助于逻辑思维能力的提高。

针对某个问题，双方可以有准备地口头讨论一下，也可以找到一个有趣的问题，梳理思路把它写出来，再作为旁观者去找毛病，让思路不断清晰；还可以定期组织辩论赛，以群体模式在互帮互助和互相借鉴中逐步提升思维能力。无论采用哪种形式，都需要执着地坚持。能力不是一夜东风吹出来的，而是日积月累之功。

最后，要多读书、读好书，尤其是那些充满理性力量和深度思想的书。

逻辑学提供了类似数学般清晰的思维形式和结构，但思维能力的提升从来离不开思想的丰富与深刻。读哲学书有助于提升逻辑思维能力，形式和内容向来都是不可分离的，如同思维和思想般密不可分。

2 白猫与黑猫故事中的逻辑思维

我们来看看白猫与黑猫的故事吧!

有两只猫，白猫和黑猫。白猫温和，黑猫凶悍，黑猫常常欺负白猫。后来，白猫怀孕生崽，成了母亲。有一天，风吹门关，有只小白猫被门夹到了，恰好黑猫从门前经过。霎时间白猫就怒了，咆哮着冲过去，黑猫赶紧逃走。此后，只要黑猫走近那扇门，白猫就怒不可遏，冲过去要打黑猫。黑猫成了白猫的仇敌。

白猫之所以这样做，是因为她是这样想的：她的小猫宝贝在被门夹到时，恰好黑猫出现在门前，距离门最近；黑猫本来就不温顺，如果不是他干的，他干吗要跑？如果不是他干的他干吗不解释？铁定是他干的。

白猫的想法正确吗？

黑猫出现得最近就一定是他干的吗？他会不会是来帮忙的？小白猫出事会不会是自己不小心？会不会是门被风吹得关起来的意外？黑猫素来凶悍就一定会凶悍到底吗？那白猫不是素来温和吗？为何如今却如此凶悍？黑猫跑了是心虚，黑猫不解释更坐实了是他干的，那么沿着这样的思路我们可以说，如果他不跑那就是装的，如果他解释那只会越描越黑。如果沿着这样的思维，那黑猫永无翻身的可能，不管他解释还是不解释，逃还是不逃。这所有的推断仅仅是主观的臆断，有一点点证据吗？有找证据的意识吗？压根没有！即便有，也是带着强烈的主观定论去找适合它的证据！

这样的思维在我们的身边并不少见，是处于孩子阶段的幼稚思维。无论我们说是主观强加还是情绪化，抑或是被思维定式“绑架”，深层次都是缺少理性。**理性是一种认识能力，理性的提高需要知识的教育和启蒙，逻辑学是通达理性最重要的桥梁。**

❸ 沉浸式儿童思维教育：全方位、多角度训练逻辑思维

逻辑思维是一种理性思维，具体体现为**概念、判断、推理与论证**四个循序渐进的认知过程。逻辑思维能力的培养与提高，对于孩子**提升学习力、增强行动力和发展思维力**具有举足轻重的意义。具体而言，从**生活、学习和游戏** 三个方面入手，有助于培养孩子的逻辑思维能力。

在生活实践中形成逻辑思维。

逻辑思维体现在生活中就是比较有条理性。一个逻辑思维强的人在生活中的表现往往是说话思路清晰、做事有条不紊。因此，我们要在孩子小的时候就潜移默化地培养他的逻辑思维能力。这样的培养就在生活的点滴里，可以从三方面入手：

第一，家长是孩子最好的老师，家长提升了自己做事说话的条理性，做事说话条分缕析，就会自然而然地影响孩子。

如果家长是个婆婆妈妈、絮絮叨叨的人，孩子很可能也会变得优柔寡断。所以，家长首先要提升自己的逻辑思维能力并将之转化为内在的素养，从而应用到生活实践之中。

第二，鼓励孩子多动手、勤做事，并启发孩子发现和概括做事的规则、规律、方法、要领。

比如，积木搭好了要提醒孩子整理好积木，整理的过程中要帮助孩子一起不断尝试并寻找出其中的方法；在进出电梯的时候要帮助孩子观察和概括出“先出后进”的规则并分析其中的理由；让孩子概括出洗手、刷牙、吃饭、

拍皮球等生活细节和实践的规则、流程。

当然，我们的观察和分析可以不止于身边的事情，还可以是外面世界的各种情况，比如公共汽车的乘坐规则。

第三，加强语言的引导，助推逻辑思维能力的形成与发展。

比如，经常用“首先、其次、再次、最后”“第一、第二、第三”“一方面，另一方面”等语言启发孩子，渐渐地训练孩子也可以在实践中使用这些语言，引导他有条理地讲一个故事，讲述自己在学校或幼儿园一天的生活，叙述一件有趣的事，等等。语言与思维是密不可分的，一个语言杂乱的人，常常也会表现出行为的杂乱和低效。

在学习知识中培养逻辑思维。

逻辑的精神是“必然得出与前提不同的东西”，也就是得出新的东西，而这就可以称为广泛意义上的知识。所以，逻辑与知识之间密不可分：**逻辑帮助了知识的确立，而知识的习得又培养了人的逻辑思维。**

对于孩子而言，在获取数字、图形、分类知识的过程中，慢慢形成了相关的抽象思维，而在这些抽象思维背后发挥作用的就是更为抽象的逻辑思维。比如，孩子在习得 10 以内的数字时，知道了 2 比 1 大 1、3 比 2 大 1、4 比 3 大 1 等知识，就会形成循序渐进、均等变大的思维，反之就是均等变小的思维。

在认识各种图形时就不得不把握三角形、圆形、正方形等的差别以及各自的特点，而这些差异和特点本身都是抽象规律的探索。

在掌握了“苹果是水果”“水果是食物”的分类知识后，就必然形成了有关苹果、水果、食物三者之间关系的认知，而这种关系不仅是生活的概括，究其本质是知识赖以生存的土壤。我们的知识大厦就是不断地将属种关系向上、向下延伸发展的结果。比如在"张三、男孩子、未成年人、人、哺乳动物、动物、生物"这个关系图中，难道没有隐藏着知识吗？

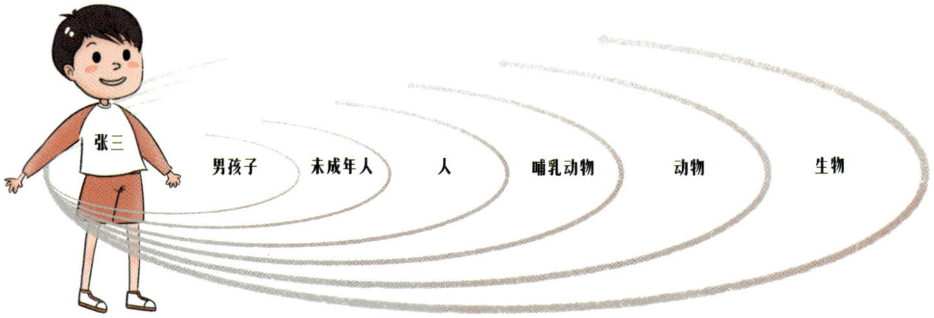

因此，我们要在生活中帮助孩子增长分类知识，从而提升逻辑思维能力。

在益智游戏中玩会逻辑思维。

游戏本身就是一种学习，是孩子获取经验、发展智能的妙方，也是自发性、创造力、好奇心、想象力、探索、冒险及为人处世的一种体验。孩子的天性就是玩，游戏是最简单直接的锻炼方法。相对于死板教条的课程，孩子不会因此而痛苦。在幼儿时期，游戏启发是非常有益并有效的。

严格意义上的益智游戏有不少，最简单的就是拼乐高、搭积木、玩拼图、数字与物品连线等，这些游戏有助于锻炼孩子的逻辑思维能力、数学能力、创造能力等。其实，游戏益智与否，不在于游戏本身，而在于游戏该怎么玩。

如果家长对孩子们的游戏加以指导，让孩子们在游戏的过程中发现游戏中的智慧，这便成了益智游戏。让我们引导孩子开心地玩起来吧。

下面，让我们先来和孩子做一道题。

三位逻辑学家 A、B、C 去一家咖啡馆，服务生问：“你们都要咖啡吗？”A 说：“不知道。”服务生再问：“你们都要咖啡吗？”B 也说：“不知道。”服务生第三次问：“你们都要咖啡吗？”C 回答：“是的，每个人一杯咖啡！”

请问：这是为什么？如果你是 C，你听了 A、B 的回答会想到什么？

这里看起来是语言的表达与理解的问题，其实是思维的问题，是典型的逻辑思维。所以，逻辑思维不仅是科学知识大厦的基石，还处处存在于我们的生活中，但无论如何，它通往智慧。

当 A 说“不知道”的时候，他指的是“我不知道 B、C 要不要咖啡，而我是要的”；如果他自己不要咖啡，面对服务生提问“你们都要咖啡吗”，他只需要回答“不要”就行了，因为服务生的问题里面有一个重要的字“都”。“你们都要咖啡吗”的准确意思是：A、B 和 C 都要咖啡吗？如果专业学习过逻辑学就知道这是一个“三支联言命题”（不知道这个专业术语也没关系，不影响我们对这道题的理解）。

同理，当 B 回答不知道的时候，他表达的准确意思是：不知道 C 要不要，自己是要的，A 也是要的（从 A 的回答“不知道”中推知）。

因此，当问及 C 时，他只需要根据自己的想法回答即可。因为 A、B 都是要的，如果 C 要就做肯定回答，如果 C 不要就应该说：“我不要，给他们俩咖啡。”

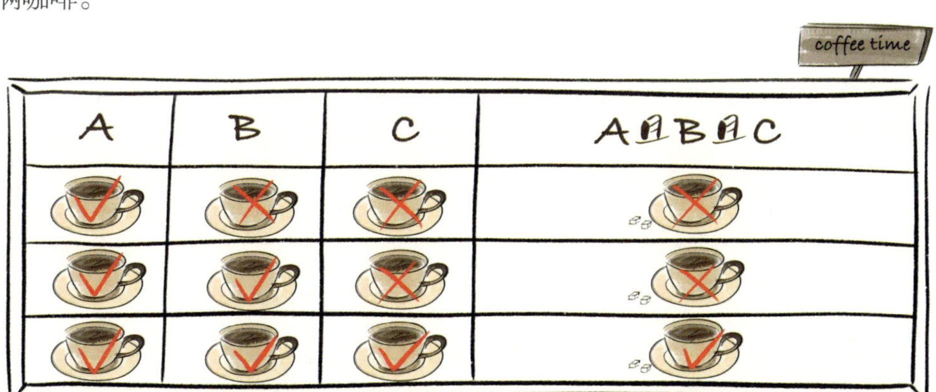

明白了吧？清清楚楚的结论和分析。这就是逻辑思维。

逻辑思维常常和语言纠缠在一起，因为语言与思维密不可分。此外，逻辑思维还隐藏在数字、图形、类别等知识和我们的思、言、行之中。概言之，我们之前的所有课程都有逻辑思维的渗透，都在为系统地学习提升逻辑思维做准备。因为，逻辑思维是思维的基础，是高阶的思维，是难度高但效用大的思维。

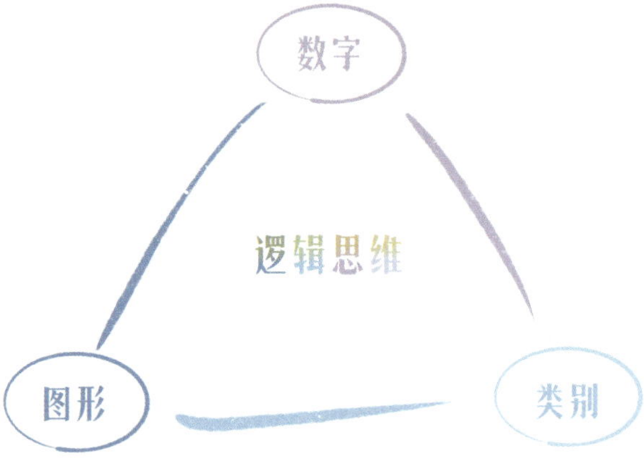

我们知道，思维的这一系列激活与开发，是建立在清晰有序、求真务实的逻辑思维的基础上，并依托这一思维得以实现的，否则就成了空中楼阁。

读万卷书，还要行万里路！知识要转化为实践，才更具价值！让我们携手帮助孩子：

在学习与实践中发展思维，在发展思维中健康成长、实现价值，永远做更好的自己。

第 13 课　好的问题是成功的开始

熊猫妈妈：“最近为了孩子的学习问题真是伤透了脑筋。”

金教授：“怎么了？孩子在学习上遇到什么问题了吗？”

熊猫妈妈：“唉，熊猫哥哥的英语成绩在班里总是不理想，熊猫妹妹在算数上也总是跟不上别人。最近打算给他们报个补习班，但是孩子们都很抵触。”

金教授：“如果孩子们都很抵触，那么最好不要强迫他们，不然恐怕会适得其反。”

熊猫妈妈叹了口气：“若是娃成绩一直不好，会不会输在起跑线上啊？”

金教授一边给熊猫妈妈端了杯咖啡，一边说：“流行观点一定对吗？苏格拉底说过，‘未经反省的人生是不值得过的’，我们的人生包括孩子的人生都是建立在理性思考的基础上的，而思考的起点便是愿问、敢问、善问。在一系列好问题的支撑下，才能盖起人生坚不可摧的摩天大楼。”

1 忠于全局的提问方式

“能不能独立思考”的一个最重要标志——能不能提出高质量的问题。

爱因斯坦曾说：“提出一个问题往往比解决一个问题更重要，解决问题也许仅是一个数学上或实验上的技能而已。而提出新的问题、新的可能性，从新的角度去看旧的问题，都需要有创造性的想象力，而且标志着科学的真正进步。”

敢做首先要敢想，敢想的重要表现就是打破思维局限和观念框架提出好问题。

胡适先生的名言“大胆假设，小心求证”可以作为“善于创新”的一种精当注解，“大胆假设”与提出高质量的问题本来就是一回事。

问题意识是一个人思维成长的重要动力，是检验思维水平高低的试金石。

由此，我们不妨更加大胆地说：**“不会提问的学生不是好学生。”**

什么是问题意识呢？

问题意识就是提问的意识，源于好奇心，是一个人与生俱来的能力。尤其是在孩童时期，“为什么”常伴随着我们的成长。

一个家庭主妇在做饭的过程中会问“怎样将西红柿炒蛋做得好吃”之类的问题，不断地问，不断地摸索，技艺就会提高，这是日常生活中的问题意识。

一个员工或许会问“为何我和他一起进公司，同步发展，今天他却成了我的上司”之类的问题。只有进行提问、客观理性分析，才能让自己进步。由此可见，问问题是每个人都会的事。

关键在于问的是怎样的问题。

所问问题的质量清楚地呈现了提问者思考能力的高低。

要将全局思维融入问题意识之中，避免一叶障目。从整体出发提出问题，这便是提出高质量的问题并提升思维水平的重要标志。

对于家长而言，忠于全局思维的问题意识，有助于更有效地解决生活和工作中的问题，因为生活和工作从来都是有联系的整体。

对于孩子而言，忠于全局思维的问题意识不仅有助于培养开阔的心胸，建立友好的社交环境，还有助于激发抽象思维，用联系的思维全面理解和掌握知识，从而更高效地学习各门科学知识，如数学、物理、化学。

因为科学知识是源于实际而又高于实际的抽象思维的结晶，抽象思维在思维进行理论化、概括化的过程中离不开全局思维。

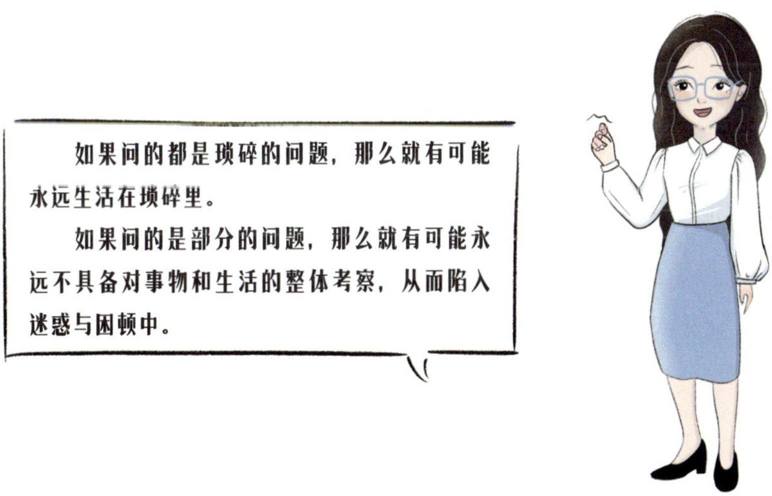

从问题可以看出一个人的层次、一个人的修养，乃至一个人的幸福感。那么，我们在生活中或者在更小范围内，对于提升儿童思维能力需要质疑的是什么呢？我想它们包括**常识、概念、未经检验的预设前提和流行的观点。**

❷ 一个流行的观点：人生不能输在起跑线上

下面，我们以流行的观点为例。

所谓流行的观点，就是大家都习以为常、普遍接受的观点。

有一次课间，几位母亲走近讲台跟我聊孩子的教育问题。

她们好奇地问我："金教授，刚刚从您的语言里丝毫听不出带孩子的艰辛，可您却把孩子培养得那么好，有什么方法啊？"

"你们同意人生不能输在起跑线上吗？"我问。

"当然同意啦。"她们接下来诉说了各种辛苦和奔波，无非就是各种培训班、课后作业辅导等。当我问及为什么那么累时，她们异口同声地说："人生不能输在起跑线上。"

"哦！那么请问，起跑对什么重要？"我问。

"起跑对短跑尤其 50 米起到决定性作用，对长跑意义比较小，于马拉松而言感觉基本没有意义。"她们回答。

“那么再请问，人生是 50 米赛跑还是马拉松？”我继续追问道。

“那还用说，肯定是马拉松啦。有句广告词说得好：人生就像一场旅行，不必在乎目的地，在乎的是沿途的风景，以及看风景的心情。”

“好！现在你们自己说出了两个观点：一是起跑对长跑没有决定性意义，二是人生是长跑。那么，这就能理所当然地得出结论：起跑不决定人生，也就是说‘人生不能输在起跑线上’这句话的普遍性是有问题的，至少我认为不能把它当作至理名言来遵循。

“如果我们还是坚持原来的观点，说明我们不听从自己的理性分析，就如同睁着眼睛说瞎话。或许你们会说：‘老师你说得对，但这只是理论分析上的正确，现实与理论有差距。’这个理由貌似有一定的分量，但如果你对身边成功的人群进行分析，你会发现在幼儿园、小学乃至初中、高中、大学成绩意义上的起跑，跑得快的作用并不明显。

“我考察了身边那些优秀的人，包括建筑师、教授、医生、企业高管和政府官员等在内，在拥有一定学习能力的基础上，他们身上都有两个共同的特点：一是找到了适合自己的职业，带着兴趣把职业做成了事业；二是专注和执着，认准一个目标就会长时间地坚持和努力。

“我们既要关注眼前的快，又要立足于长远的持久。如果只看眼前，在难度不大的学习上，用不断的重复和提前学习获得相对于别人好一点的成绩，而不顾综合能力和道德修养的培养，这样的快速起跑是无益于成绩提高以及个人全面成长的。

“‘人生不能输在起跑线上’不能说是个错误的命题，也不是所有起跑快的孩子都没有出息，只是想提醒大家，它是值得商榷的。您家的孩子该怎样起跑，您得自己分析和思考。

“其实，关于这一命题的讨论还可以换个角度用提问的方式继续下去。请继续回答两个问题：

第一，从时间维度看，‘人生不能输在起跑线上’这句话是在怎样的一个时间长度上说的？是指 20 岁的人生，还是四五十岁的人生？

“我想既然谈输赢，总得有一定的时间长度，不到四五十岁似乎很难谈人生的输赢吧。有那么多人支持这句话，是否都潜意识地将人生理解为 20 岁的人生了？这显然是有问题的。

第二，从质的维度看，人生的输赢到底指的是什么？是事业的高度、财富的积累、地位的提升等这类单向度的成功，还是事业、家庭、健康、心灵等方面全面发展的圆满？

“我们目前几乎没有这样去思考人生，这既包括自己的人生，也包括孩子的人生。我们要帮助孩子搭建的是单向度的人生，还是全面的圆满和幸福？这一点，作为家长的我们，清楚吗？我们不妨和孩子一起探索，问问孩子：‘你想要的是怎样的人生？’‘你觉得什么是好的生活？’”

3 苏格拉底的“精神助产术”

今天的社会与过去有了很大的变化，父母的知识水平和认知能力在孩子的成长中起到了越来越大的作用。可以说，教育从原来的学校占 80%、家庭占 20%，转变成了各占半边天，甚至家庭的比重在持续增加。

从这个意义上讲，**出生在什么样的家庭，就对有什么样的起跑线起到了越来越关键的作用**。这里讲到的起跑线，有家庭在物质上的投入，更重要的是在观念即世界观、人生观和价值观上的投入。

面对这样不争的事实，作为家长更需要知道，要培养一个优秀的孩子，首先自己要努力进步，跟孩子一起成长。

在人们的思维深处，存在着许多矛盾和不协调。身处纷繁的世界，我们不一定具备理性剖析和甄别所有冲突的能力。可是这些矛盾和不协调的存在，往往会使我们陷入困惑、疲乏、迷茫。当我们敢于用理性直面冲突并调和它们，就能向有条不紊和踏实沉稳迈进。

下述的聊天方式就是著名的苏格拉底的“精神助产术”：通过不断地发问，让对方在对话中找到矛盾和冲突，带着对方去反思并质疑自己原有的思维和观念，从而达到思维的澄清和有序。

苏格拉底的“精神助产术”

提出核心问题

“你们同意人生不能输在起跑线上吗？”

⇩

提出子问题一

“哦！那么请问，起跑对什么重要？”

⇩

提出子问题二

“那么再请问，人生是 50 米赛跑还是马拉松？”

（分析问题）

⇩

发现矛盾

“人生不能输在起跑线上”VS“起跑对人生不起决定作用”

⇩

时间维度的审视

“人生不能输在起跑线上”这句话是指 20 岁的人生，还是四五十岁的人生？

⇩

本质的审视

人生的输赢到底是什么？

（进一步分析问题）

⇩

回应核心问题，给出最终答案

“人生不能输在起跑线上”这句话是值得商榷的、存疑的。

好的问题是成功的开始。

为了更好地培养和激发孩子的问题意识，作为家长首先需要拥有问题意识，并将其有效地运用于工作、生活与思考的实践中。我们要敢于问“为什么”，敢于去质疑流行性的观点与做法，要乐于回答孩子的“为什么”，进而与孩子一起去探寻答案，在探寻中不断地了解世界、社会乃至自己。

4 沉浸式儿童思维教育：以提问提高孩子的思维能力

下面是关于“你想要的是怎样的生活”的几种回答，里面有你的答案吗？

我们可否以它们作为导引，引出我们自己的回答。

A 找一个喜欢的工作，这样每天早晨六点到晚上八点都是高兴的；再找个喜欢的人，和他（她）在一起，这样每天晚上八点到早晨六点都是开心的。

B 在郊外有幢漂亮的房子，家门口有一条干净的小路，孩子可以在上面骑单车。再养一只猫或狗，脖子上挂着铃铛，跑起来丁零零地响。每天晚上回家时，看见妻子给你一个甜甜的微笑，孩子冲过来抱着你的腿。

C 进最理想的公司，每年可以出国旅游，还可以参加梦想中的世界科幻大会，甚至还能让许多人读到我胡思乱想写出来的小说，还能拿奖……始终拥有更大的梦想，想到更大的舞台去实现更大的人生价值，让更多的人听到我的声音，然后像塞林格或者品钦一样隐居于无人知晓的角落。

D 拼尽全力地、专心致志地当一名医生治病救人，当一名老师教书育人，当一名工程师精进技艺……虽然辛苦，也没有发财，但备受尊敬，人生有价值，心情满足而愉快。

如果我们自己对“自己想要怎样的生活”以及“为什么”从没有好好想过，那么，我们很难说已经拥有了好的生活，也无从引导孩子去构建并追求“好的生活”之目标。

所以，让我们在夜深人静的时候，好好问问自己：“我想要的是怎样的生活？为什么？”然后，找个阳光明媚的中午，和孩子开展一场关于“你想要的是怎样的生活”的讨论吧！

在这样的讨论中，请给予孩子两个方面的关注：

1 孩子的回答里呈现了怎样的人生观？这往往没有对错，重要的是选择。我们需要帮助孩子做出选择，并明白不同的选择所需要承担的勇气和责任。

2 孩子对“是什么”和“为什么”的回答是否清晰？对自己想要的生活是否可以给出清晰的理由？

这是对思维的一种极好的训练，与答案的价值高低无关。随着年龄的增长，认知发展了，人生观会改变，但是这种问“为什么”的问题意识是始终存在的，它将支撑一个人理性人格的塑造。

在成长的过程中，

不仅要关注孩子对问题给出的答案，

更要引导孩子给出理由，并对答案进行分析，

这是提升思维能力和增长知识的重要推手。

关于“你想要的是怎样的生活”这一问题，我们每个人终其一生都在回答的路上。在经历了长久的探索之后，我的回答是：生活的意义就在于生活本身。

这里，我提供几个方面的建议供参考：

1 我们可以选择孩子喜欢的有情节的动画片、画本、故事等作为蓝本，问孩子喜欢谁、不喜欢谁，以及为什么。这既可以加深孩子对蓝本内容的认识，引导孩子去追求真善美，也提高了孩子的思维能力与表达能力。

2 我们可以根据生活的场景，常常问孩子：“×× 说的对吗？”“你同意 ×× 的观点吗？”“如果是你，你会怎么做？”并要求孩子给出理由。这在不经意之间逐步培养了孩子的批判性思维和独立思考的能力。

3 在不同的时间段重复同样的问题，看看孩子的回答是否有进步。可以让孩子重新来分析自己之前对一些问题的评判，看看孩子是否有所改变了。改变就是提高，就是进步。

第14课 用正确的方法做正确的事

熊猫妈妈："我最近想给孩子买思维网课，提升他们的自主学习能力。"

金教授："儿童思维课对孩子有一定的帮助，家庭教育也很重要。无论学校教育还是家庭教育，帮助孩子用正确的方法做正确的事，是我对提升儿童思维能力的核心理解。"

熊猫妈妈不解地问："可是，什么是'用正确的方法做正确的事'呢？"

金教授："问得好。思维里面涉及方法和观念，正确的方法需要我们和孩子一起习得，从而提升思维能力，正确的事是由思维里的观念决定的，与人生的高度和精彩度直接相关。

"以目前很热门的少儿编程为例，一个程序员首先需要确定编程的意图，然后才能在不同的计算机语言中寻求合适的来写出他所需要的程序。

"电脑编程的意图和程序本身可以对应理解为我们人脑思维里的方法和观念，每个人的思维能力有高低，但也同样有足够大的提升空间。你问的问题很难，要有耐心哟！"

❶ 编程的意图：思维里的方法

我们常说：“思路决定出路，性格决定人生。”这里面包含着对思维能力的重视。毋庸置疑，人与人的差异不仅有外在的样貌，还有行为举止，这些都直接受到内在思维的影响。

内化为心灵，外化为行为，固化为形象。思维的差异导致了行为的差异，最终日积月累形成了形象的差异。

那么，思维里有什么呢？

为了提升思维能力进而获得高度的思维力，我们首先要搞清思维里面有什么。只有搞清思维里面有什么，才能有的放矢地去帮助孩子提升思维能力，这本身就是一个理性的思维过程。

毋庸置疑，思维里面有方法。

有一部分方法是通过后天学习获得的。

如果一个人没有学习过物理就不可能明白秋风中的落叶是引力、空气阻力和风的吹动力的共同作用，不可能用物理的思维看世界。

如果一个人没有学习过数学，对于将两个苹果分给两个人，他知道一人一个，但不知道 1+1=2。

同样地，如果一个人没有学习过社会学调查统计的方法，自然就不知道怎样科学地“用数字说话”，容易陷入数字的陷阱与欺骗之中。

总而言之，所有自然科学和人文社会科学都是给我们提供科学方法的来源和依据。当然，也有一些方法是从经验和实践中来的，比如如何做一盘西红柿炒蛋，如何更高效地整理房间，如何与人交流沟通，等等。

还有一些方法是先验的，也就是与生俱来的。

从通常意义上理解，先验是同“经验”相对的，意为先于经验，却也是构成经验所不可或缺的。

这里面隐藏着一个三段论的推理：

所有的人都会死，

苏格拉底是人，

所以苏格拉底会死。

如果将这一推导过程抽象化就是一个推理结构，这一结构并非来自于经验实践，而是被普遍认同不可违背的，这就是先验。

逻辑学老师上课总以它为例，一是因它太有名，二是因它简单而典型。

为什么？因为每个人都自觉地遵守着三段论的抽象结构（如下），这被称为“第一格”，也被称为“审判格”（三段论一共有 4 个格）：

所有 M 是 P，

S 是 M，

所以，S 是 P。

可以简化为：

M —— P

S —— M

∴ S —— P

有必要简单说明一下：

三段论就是借助于一个共同概念把两个直言命题联结起来而得出一个新的直言命题的演绎推理。

从概念的角度分析，由 S（小项）、M（中项）和 P（大项）构成，上述 3 项在此例中分别对应的是：苏格拉底，人，会死；从命题的角度分析，由大前提和小前提组合推出结论，在此例中，大前提是“人都会死”，小前提是“苏格拉底是人”，结论（也就是“所以”之后的命题）是“苏格拉底会死”。

列出图表则如下所示：

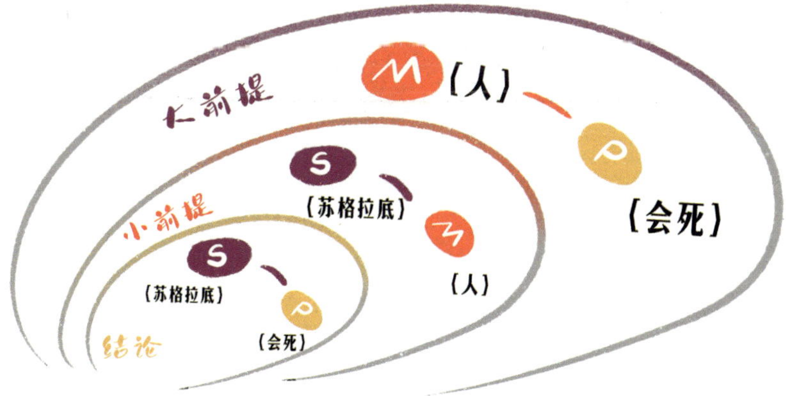

当然，这样的结构是先验地存在于思维里的，后天只不过是在不断地实践它。你也可以按照如下表格，把“人、会死、苏格拉底”分别替换成“水果、有维生素、苹果”“积木、益智的、乐高”等，一起和孩子填一填吧。

命题	所有水果都有维生素 所有苹果都是水果	→	所有的苹果都有维生素
大前提	M（水果）	——	P（有维生素）
小前提	S（苹果）	——	M（水果）
结论	S（苹果）	——	P（有维生素）

命题	所有积木都是益智的 所有乐高都是积木	→	所有乐高都是益智的
大前提	M（积木）	——	P（益智的）
小前提	S（乐高）	——	M（积木）
结论	S（乐高）	——	P（益智的）

命题	（　　　　） （　　　　）	→	（　　　　）
大前提	M（　　　　）	——	P（　　　　）
小前提	S（　　　　）	——	M（　　　　）
结论	S（　　　　）	——	P（　　　　）

因为我们只是替换了概念，而结构本身是正确有效的，所以从这个意义上讲，逻辑是先验的。

逻辑思维构成了我们思维的基础，因而，发展儿童思维能力的重要途径就是激活孩子的逻辑思维能力。为何是激活？因为它是先验的，需要通过后天的实践去激发它，而不是“无中生有”地去创造。

有必要再做点更为专业的说明：

所有的 M 都是 P，

所有的 S 都是 M，

所以，所有的 S 都是 P。

这是一个典型的逻辑推理结构，可以产生不计其数的、有具体内容的推理。只要保证填入的内容产生的小前提与大前提是正确的，就必然可以保证得出的结论也是正确的。

这一点是必然的，没有例外。这种必然性，严格地讲是格式的必然正确，不是通过举例来证明和保证的，举例只是为了说明而已。所有的举例都是有具体内容的，而内容就是经验的，格式的正确性是先验的、排除内容的，因而需要通过更为抽象的方式加以保证，需要我们不断地学习来逐渐提升认识。这就是逻辑思维。

思维课教师或者家长如果对此感兴趣或不甚明白，可以先从上面这个命题的表格开始勤加练习，它能帮助我们打下一定的思维基础，它解决的是底层思维问题。只有教师或者家长的思维能力提升了，才能在日常生活中更好地帮助孩子去提升思维能力。

逻辑的本质是理性，通俗而言就是清晰有序。这种思维能力因其抽象性和工具性，属于高阶的思维，因而在一个人的成长中发挥着根本性的作用。

2 形成解决问题的思维能力

人们每做一件事，包括刷牙、洗脸、做饭、洗衣、工作都有方法可循，学校里也教给孩子们学习诸多学科的各种学习方法。可是这么多方法，要如何帮助孩子更高效地获得呢？在各个学科提供知识和学习方法的同时，哲学（思维能力）能为各个学科提供理性支撑。

哲学研究方法论，是为具体的方法本身提供一般性的原则。由此，从哲学出发是获得和提升方法的最高效途径。为了说明这一点，我想起了一个能让我们很好地理解这一点的真实的好例子。

如果请你就“西红柿炒蛋怎么做”来说一说，你会说什么？

这曾是浙江大学自主招生中的一道题目。

所有人都会想到把西红柿炒蛋的做法写出来，有个别的人还会提出自己优化的方案。但是，这都只是一般意义上的或者说是工具层面的具体方法。它们会因场合而异，会因对象而异。如果只关注这样的方法，很容易导致生活琐碎、异常，但也正是这样的琐碎才构成了我们生活具体的一面。

可我们不能止于此，必须继续思索下去。至少可以说出这样的两段话：

第一，无论是做西红柿炒蛋还是做别的东西，我们都需要具备两个基本的条件：一个是材料，还有一个是流程。

优质的材料

科学的流程

只有材料和流程都达到了要求，才能做出一盘可口的西红柿炒蛋。

第二，无论是做西红柿炒蛋还是做别的事情，我们都需要具备两个基本的前提：一是意愿或态度，二是能力。

要想做一盘西红柿炒蛋，首先需要具备去做的意愿，那就是态度；其次是掌握了好的流程，有了匹配的能力，就可以把它顺利地做出来。

无论是做什么事情，都需要从这两个方面去把握。但有几点需要注意：

首先，态度不等于能力。

有做一件事情的意愿和态度，当然会对能力的提升起到积极的促进作用，但是它并不能保证能力的达成。因此，两者不尽相同，需要加以区别与分析，到底是态度上的问题，还是能力上的问题，只有这样才能让我们找到问题所在，进而有的放矢地提高自己。

态度≠能力

其次，态度和能力哪个更重要呢？这样的问题并没有统一的答案，必须落实到具体的事情上加以判断。

拿烤面包来说，在今天这样一个科技发达、知识普及的时代，烤出一个一般性的面包，意愿可能比能力更重要。只要你上网下载一个美食 APP，跟着 APP 上的教程一遍遍操作，几遍下来就能烤出面包。

但若把时间倒退到过去，在科技不太发达、知识还不够普及的时代，学会烤面包这个技能需要花费很长的时间。在那个时代背景下，能力比态度显得更重要。如此，不是每个问题都能回答出哪一个是第一性，哪一个更重要。

在现实生活中，不能清晰地认识到上述这两点的人比比皆是。

比如一个孩子一直以来学习都不错，可是进入小学高年级，成绩突然出现了下滑，这个时候就必须好好地去分析，到底是孩子的学习态度发生了变化，还是因为学习难度的增加导致孩子的能力跟不上?

面对这样一个复杂的问题，家长常常是如此表达的：因为换了一个老师，因为他旁边坐了一个不爱学习的同学，因为他自己沉迷于动画片……所以，这些导致他不再努力、不再认真学习了。

可是，基于我对这些孩子的观察，他们长久以来形成的那种努力、认真的学习态度并没有发生太大的变化。

再比如，一个孩子凭其优异的成绩考上了重点高中，可是高一以后他的物理成绩明显跟不上。这个时候，绝大多数家长会认为是孩子上了高中后不爱学习、贪玩、迷上游戏或者想谈恋爱了等。

但是，家长是否也该思考一下，是不是高中物理难度系数一下子增大了的缘故？高中的课程基本占用了学生所有的学习时间，没有那么多课外的时间再让学生课外去巩固。

关于上述两个例子，我没有否认态度的影响，但是否也该客观地考察一下能力因素呢？至少，能力在里面也起到了不可替代的作用。

至此，可以对方法做一个总结，有两种方法：

一种是具体做一件事的方法。

它可以让你真实地做出一盘西红柿炒蛋。这种方法是工具意义上的，带有实用性和功利性。它来源于生活并服务于生活，是生活不可或缺的构成，也是孩子在成长过程中需要不断地在生活实践中获得的。但是，这种方法的不足是太具体，太细碎，缺少普遍性。我们暂且将其称为**“技”层面的方法**。

还有一种方法，是具有普遍意义的方法。

它是对生活加以抽象和概括的结果，具有抽象性和整体性，可以有效地帮助我们建构整体感和全局观，帮助我们深刻地思考、理智地决策、高效地行动。这就是“西红柿炒蛋”的延伸思考，它是哲学层面的方法，暂且称其为**“道”层面的方法**，也就是智慧之道。

> **解决具体事情的“技”很重要，但在不断学习系统全面的知识的同时，加强生活实践并在实践中不断地反思、总结乃至体悟，形成的具有普遍意义的方法，也非常重要。**
>
> **这是一个集实践与思考于一体的复杂而有高度的思维过程，而其中，哲学发挥着根本的作用。**

哲学，无用之大用！“无用”之用，指的是工具性的方法之用，这自然不是哲学的长处；“大用”之用，指的就是普遍意义上的“道”所指的用处，这是哲学的责任与荣光。

3 沉浸式儿童思维教育：循序渐进地发展儿童思维

在培养孩子有具体功效的“技”的方法的基础上，循序渐进地引导孩子向抽象的普遍意义的“道”的方法发展，从而实现具体的“有用”与“无用”之大用的结合，全面提高孩子的感性思维与理性思维。

解决具体事情的“技”很重要，这便是孩子每天在生活的点滴中学到的东西，如水是柔滑的，阳光是温暖的，以及如何洗手、吃饭、玩游戏等。

但是，在生活实践中形成“具有普遍意义”的方法，也非常重要，这将有助于培养儿童的抽象思维和学习能力。如一个苹果加上一个苹果就是两个苹果，一个橘子加上一个橘子是两个橘子，一个橘子加上一个苹果仍然是两个水果（此时不再是苹果或橘子）。

上述现象可以一直列举下去直至无穷，但是里面却隐藏着一个普遍性的方法：1+1=2。**由此，孩子不仅需要学习抽象的知识，更需要在实践中不断地加以运用和总结，也就是用知识的眼睛看世界，这本身就是理性思维形成的过程。**

我们可以利用生活的真实场景，培养孩子对数字、运算、图形、分类等知识的理解。“金教授和熊猫妈妈”系列丛书中就有针对儿童思维训练的各种题型，力求从类比思维、逻辑思维、辩证思维等多个方面提升儿童思维能力。

除此之外，在日常生活中，我们还可以根据孩子的年龄、兴趣、爱好，选择以下问题问一问孩子，从而培养孩子全面的思维方式。

比如：选择你喜欢的植物，想一想怎么让花开出来。

引导孩子了解开花需要的要素：适度的阳光、适量的水、适合的土壤、防治虫害等，而不同的植物会在这几个因素上存在差异。

这样的回答是具有普遍意义的，经常进行这样的思考，孩子就慢慢地在实践中形成了探究规则、遵循规律、做事找方法的思维与习惯。

诸如此类的问题比比皆是：

如果积木没有搭好，想一想为什么没有搭好？

你喜欢什么样的房子？怎样才能搭出你喜欢的房子？

你喜欢画什么？怎样才能画出美丽的画卷？

你喜欢哪种运动？怎样才能让你的运动能力变得更好？

除了方法，思维里还有观念，也就是想法。

人们常常认为思维就是方法，其实这是一种误解。如果思维就是方法，那么，是否学习过逻辑学的人都有清晰的思维？是否意味着逻辑学考试成绩优秀的学生都会用逻辑思维？是否大家接受了同样的学习方法，思维的结果都一样？显然不是。

方法当然有利于思维发展，但方法只是部分。况且方法一旦成为方法，就具备了一定的稳定性，从而无法避免地带上了有限性的不足。除了方法，思维里面还有非常重要的东西，那就是观念。方法只是一个连接观念的框架，它既可以在一系列观念的连接之间形成思维的智慧火花，也可能仅仅是将一堆陈旧观念堆砌成再普通不过的平常之见。

方法和观念哪一个重要？

方法类似于书架，观念就是一本本书。书架负责分割空间，真正起到装点作用的是书。简单的书架和变化的书产生了不同的书卷味和审美感受。

一个人的思维里面有方法，有观念。方法有利于观念的产生，所以方法的学习很重要；观念既来源于方法又需要适时地对方法加以超越，因此想要跳出方法局限性的巢穴就需要我们有勇气去不断尝试。

书本依托书架呈现自身的审美价值，一个真正爱读书并在摆放书本的过程中获得愉悦的人，从来都不会让自己的书囿于书架条条框框的限制，而是在遵守规则与适当的逾越中享受着特别的书香味道。

观念指导人的行为且有不同层次，它们潜伏在生活的背后，时时刻刻发挥着作用。面对如此多的观念，我们要如何高效地面对？面对同样的思路，要如何在琳琅满目的观念中找到为数不多的、最重要和最根本的观念？那就是下一课要讲到的世界观、人生观、价值观。

第 15 课　三观决定人生的高度

金教授给焦虑的熊猫妈妈端上一杯甜甜的蜂蜜水。熊猫妈妈喝了一大口，情绪略为稳定。

“你这是怎么了？看起来很挫败的样子。”金教授问道。

“不是我，是我的熊猫哥哥，今天他在课上说要成为像凡·高那样的画家，结果被老师批评眼高手低。”熊猫妈妈说。

金教授将桌子上的点心往熊猫妈妈面前推了推：“熊猫哥哥说得没有问题啊。老师说他‘眼高手低’估计是因为目前他的画画得还不够好，还有就是老师可能是想让孩子更踏实稳健一些吧。

“其实‘眼高’并不一定是坏事，我们从另一个角度去理解——眼界决定了境界。如果没有高的眼光和追求，孩子发展和成长的空间就会受限，就不会有大的事业与成功。所谓理想、信念、追求、志向都是在这个意义上讲的。而世界观、人生观和价值观在很大程度上决定了人生的高度。”

世界观：如何更大、更远、更深刻地看待世界？

在层层观念之中，最深层次的就是世界观、价值观和人生观，也就是人们常说的“三观”，它们决定了人与人之间的根本差异。

世界观，就是对世界的看法。

如果一个人没有学习过物理，他的世界可能就不会有原子、中子和质子这样的概念；如果没有学习过生物和化学，那么他对世界的理解可能就会缺少一定的科学色彩。由此，感性的色彩会远远超过理性。

一个人看到的世界有多大，决定了他的心有多大；有怎样的眼睛，决定了他看到的是怎样的世界。

正是由于人类眼界的不断开阔，科技才有了长足的发展，人类对地球、对宇宙也有了更深的了解。

当我们身边到处都是高科技，且科技日益影响着大众生活的时候，我们有意识到科技发展的轨迹和它未来发展的方向吗？

当我们面对第一部智能手机时，有没有意识到 21 世纪的第一场科技革命已正式到来？还是仅仅顺应着原来的思维，只把它看成一部手机？

如果没有学习过科学技术发展史、知识论、科技哲学，就很难整体把握住这个时代的科技发展，就不可能产生 Science（科学）–Technology（技术）–Society（社会）的三维讨论。这样的观念是不可能从经验世界里获得的。

客观地讲，面对这几十年的科技快速发展，我们需要补的课太多。正是世界观的局限，使得人只能看见眼前的世界。古人云："父母之爱子，则为之计深远。"父母只有通过学习，不断拓宽视野，才能帮助孩子树立正确的世界观。

如上图所示，当你站在山脚下，世界很小，能看到眼前的小河、小花、小草等，以及很多细微的东西；当你站在山腰处，看到的世界变大了，河流变小了，花草已经看不到了；当你站在山顶上，你看到的世界变得很大，河流却更小了。**不同的眼界决定了你看到的世界也是不同的。**

作为一个家长，对孩子最重要的教育也包括了世界观的引导。

首先，我们要带孩子多走走、多看看，从小就要让孩子看到一个宽广的世界，而不是一个只有一点点空间与格局的小小世界。

只有这样，孩子才能胸怀天下，才能有担当与责任。这一点很多家长已经慢慢认识到了，因此暑假带孩子出去旅游的人越来越多。但是，世界观的培养不是简单的旅行就可以解决的。

如果我们对旅游更大的兴趣是满足自己的购物欲，而不是发自内心地去感受异域风情，去体验世界之大和美好，只会用自己的喜好和眼光去评价别人的文化和历史，那么这不仅不能真正扩大孩子对世界的理解，还有可能让孩子滋生出自大、优越感和物质主义，而这也是社会中较为普遍的情况；反之，如果我们可以提前做点功课，了解一点当地的人文历史、地理风俗，就可以帮助孩子把这些实实在在的知识装进自己的世界，世界就由此一步步扩大了。

其次，世界观与知识的关联度很大。家长要在生活中引导并帮助孩子产生对科学知识的好奇与探索，从而建构起科学的世界观，而行之有效的方法便是：多看书，多学习，多积累知识。当然，在这一点上学校发挥了重要的作用。

当孩子问起“妈妈，我和你离得那么远，为啥可以听见你说话”时，家长需要告诉他“这是声音的传播”；如果一下子回答不了，可以去网络中学习一下再告诉孩子。当然，有时候家长会被孩子追问得回答不了。

面对这样的孩子，有些家长可能会不耐烦：“你好烦啊！”“你不要打破砂锅问到底，这有什么好问的！”“别瞎问，尽琢磨些没用的。”

这样一来，孩子可能真的就不再问这样“无聊”的问题了。其实，这些都是充满了知识的智慧之问，这样的孩子非常了不起。这个问题直接针对的就是归纳推理的本质难题：**无数次的经验重复并不能达到必然的结论。**

虽然人们经历的每一天太阳都升起，但这并不能得出太阳每天都会升起的结论。何况比起已经经历的天数，未来没经历的天数可能会是一个更大的数字。此外，这还涉及口口相传的知识本身，是靠什么来建立知识的信任来源的问题。肯定不是经验世界的口口相传，这又涉及知识论的问题。

面对上述这样有难度的问题，我们可以和孩子一起去探索。相比知识本身，这种探索的态度和精神是更可贵的，能让孩子在童年成长的过程中自然而然地增强对世界的了解，对孩子在童年阶段将科学带入到世界观的确立中非常有帮助。这对后续的整个学习进程，自然也会起到积极的推动作用。

旅行开阔眼界；读书增长知识；和孩子共同探索，培养孩子的探索精神。这三条都能帮助孩子确立正确的世界观。

2 价值观：如何坚持去做有价值的事？

价值观，即对价值的认同，也就是一个人认为最重要的、最有价值的东西是什么。人生常常需要删繁就简，把看似重要的东西一样样地丢弃，最后剩下的往往就是价值所在。人生就是在不断寻找、追求与坚守价值中前行的。

10 多年前，我在电视台附近打了一辆出租车，一上车司机就问我：“你是电视台的吗？”我说：“不是。”“那你是做什么的？”“我是老师。”“你是教小学的吗？”“不是，我教大学。”“那你是教英语或者艺术的吗？”“不是，我教哲学。”

他还是不太相信，因此换了一个角度继续问：“那你是在哪一所大学？”

我说："我在浙江大学。"他不再问了，而是给予了称赞："你年纪轻轻，在这么好的大学当老师真的了不起。"那一刻我感觉到了一点喜悦，觉得我们在价值观上有点对路，于是我毫不回避地说："是的，我也觉得挺自豪。"

但是，他话锋一转，说："你在这么好的大学当老师，一定有很高的工资吧！"在10多年前，大学老师的待遇不如今天，就算在今天大学老师也不是一个挣钱的职业。我当时就告诉他："亲戚朋友里我学历最高，但收入最低，因为我所从事的行业是教育。"然后，这位司机很惋惜地说："那你这么好的条件当个大学老师太可惜了，你要是到电视台去当个主播，不是要什么有什么吗？"我心里想：我跟你想的不一样，追求的也不一样。

这是一个真实的故事，我和司机之间不存在孰对孰错，只是价值观有所不同。一个人追求的东西很多，但哪些是最重要的，答案可能会不同，这样的不同会呈现在不同的人生状态里。如果我能与他再见面，如果他还记得当初的对话，不知道他如今会作何感想。我对自己的选择不仅不后悔，还充满了庆幸。

我早早地找到了并做着自己认为有价值的事——看书、做学问、讲课、写文章，还有审美。既然自认为有价值，自然便是喜欢的了。找到喜欢的事，去掉不重要的事和没必要的诱惑，放下无谓的无聊之事，这样在喜欢的过程中浸润的不是愉悦又是什么呢?

在价值观的理解上，我们需要确立几点：

第一，从整个社会层面出发，价值观有一定的确定性和稳定性。

我们总认为勇敢、勤劳、奉献、有知识是有价值的体现，反之，怯懦、懒惰、自私、愚昧无知总是缺乏价值的。这样的认识一经形成，便延续至今。

第二，当价值的理解落实到每一个人的时候，它就有很强的主观性，并没有统一的标准。

在遵循法律和道德的基础上，每个人可以对价值做出自己的判断和选择。我们可以认为平凡简单就是价值，那就选择这样度过一生而心生满足；我们可以认为伟大卓越就是价值，那么为了实现伟大卓越，就得付出更多和承担更多。

第三，价值观对于一个人的人生有着引导性，会潜移默化地对人生轨迹以及未来发展产生持续的作用力。

好的价值观会对一个人的人生起到助推作用，而稍有偏差的价值观则会对人生产生反作用力。

第四，儿童阶段是价值观形成的关键时期，一旦形成了，改变就需要花费较大的力气。

因此，在价值观的确立上我们需要帮助孩子做到用一系列正确的价值观念编织七彩的美丽童年。

在日常生活的细节中，导入富强、民主、文明、和谐的国家层面价值目标，植入自由、平等、公正、法治的社会层面价值取向，遵守爱国、敬业、诚信、友善的公民价值准则，尤其是要重视无私、善良、真诚、努力、谦虚、勤奋、友爱、礼貌等一系列长期以来获得社会公认的优良品质的养成，从小构建起充满阳光、朝气和爱的童年。

第五，培养对事情进行价值评价的意识和能力。

就身边发生的事进行价值评价，在评价中纠正错误观念，强化正确观念，提升观念高度。

第六，正确对待物质和爱。

在物质条件不断提升和在被爱包围的环境下成长起来的孩子，很容易陷入“金钱至上”和“爱是索取”的错误理解中，这不是孩子的问题，这往往与家长的不自觉言行有关。

诚然，物质和爱都有它应有的价值，理应获得尊重。但是，我们需要让孩子明白：

物质带来的价值是有限的，它更多的是作为工具，让我们可以更好地发展精神需求，而精神的价值是无限的。

爱不仅是得到，更是付出；爱不是自私的，而是越分享越多。因此，让物质和爱成为我们追求精神和幸福的梯子吧！

无论是谁，只要能用心坚持做自己喜欢并认为最有价值的事，就实现了他的价值。人的精力有限，断舍离是价值寻找和实践的必经过程。

帮助孩子做出价值判断并找到自己喜欢做的事，正确对待金钱、物质以及爱，早早培养兴趣并坚持下去，是重要而必要的事。

3 人生观：如何过好这一生？

与价值观相关性很强的是人生观。

人生观，就是你如何看待人生的目的和意义，人生中最有价值的是什么，人生该如何度过。它影响和决定着人生道路、生活方式、行为模式和生活态度。

“人最宝贵的是生命，生命对人来说只有一次，人的一生应当这样度过：当他回首往事时，不会因为虚度年华而悔恨，也不会因为碌碌无为而羞愧。当他临死的时候，他能够说：我的整个生命和全部精力，都献给了世界上最壮丽的事业——为解放全人类而斗争。人应当赶紧地充分地生活，因为意外的疾病和悲惨的事故随时都可能结束他的生命。”

这是家喻户晓的段落，摘自《钢铁是怎样炼成的》。

“我是一个平凡的人，但一个平凡的人，也可以过得不平凡。”“只有永不遏制的奋斗，才能使青春之花即便是凋谢，也是壮丽的凋谢！”“只有一个人对世界了解得更广大，对人生看得更深刻，那么，他才可能对自己所处的艰难和困苦有更好意义的理解，甚至也会心平气和地对待欢乐和幸福。”

这是《平凡的世界》中熟悉的话语。

“每一个不曾起舞的日子，都是对生命的辜负。”“其实人跟树是一样的，越是向往高处的阳光，它的根就越要伸向黑暗的地底。”“一个人知道自己为什么而活，就可以忍受任何一种生活。”

这是哲学家尼采眼里的人生。

此外，还有汉代名将霍去病的豪言“匈奴未灭，何以家为”；北宋大家张载的横渠四句“为天地立心，为生民立命，为往圣继绝学，为万世开太平”；少年周恩来的“为中华之崛起而努力读书”……无数振聋发聩的语言从历史的尘埃中滚滚走来，它们从未消逝，而是一直在激励着我们，审视着我们：“虚度年华、碌碌无为、空虚无聊、贪图享乐”是否就是我们自己人生的脚注？奋斗努力、立心立德立言、修身齐家治国平天下……这些话语是否应该导入孩子的童年，让其化为一股强大的精神动力，帮助孩子克服困难，助推他们的人生成长？当我们再一次阅读这样的文字，是否感觉到了一股从心底里升腾起来的力量，正努力地把我们向上推高，而我们的身体也变得轻松自在，心灵也变得愉悦幸福？

人生是一场不确定的、一次性的漫长旅程，我们不知道会遇见谁，会发生什么，会遭遇怎样的困境、挫折与诱惑。即便生活一帆风顺，可能也无法逃离三点一线的千篇一律和无聊，如果不确立人生的价值所在，真的会如同叔本华所言：“人生就像一个钟摆，在痛苦和无聊之间左右摇摆。”痛苦、无聊自然存在，但价值的确立可以帮助我们在直面痛苦中升华，在化解无聊中超越。

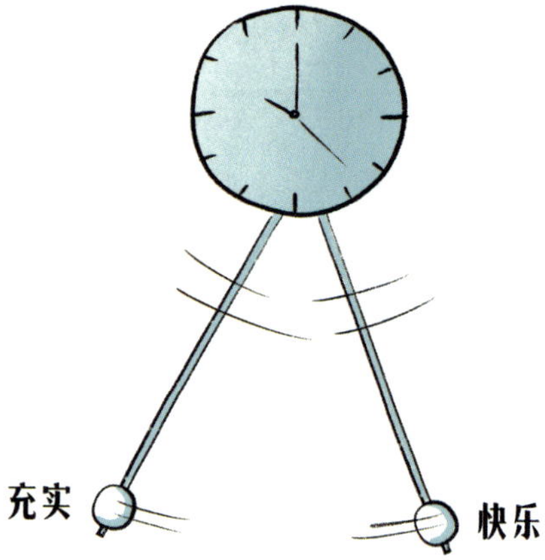

比如在高考志愿面前，家长在意的往往是哪一个专业可以找到好的工作，对他们来说好的工作就是轻松、稳定、高收入。而越来越多的孩子却会发表两种观点：“你干吗那么在意有多高收入？你觉得钱多点一定更幸福吗？你干吗一定那么看重轻松？轻轻松松能充实吗？”“怎么一点都不考虑我是否喜欢是否合适？如果我不喜欢物理，能学得那么好吗？如果我不适合学历史，怎么会考得那么好？”

只有做自己喜欢和合适的事，才能做得好，做得愉快。有些孩子会说得更意气风发：“你知道吗？中国终于走出了几百年的厄运和阴暗，当下中国与世界紧密相连，我们需要找到那些急于解决的难题和最卡壳的技术，把它们当成自己一生的事业，让自己为伟大的民族复兴尽点责任。”

在这样的言语里，我们看到了难能可贵的社会责任感和国家使命感。

记得几年前，儿子大一开学时我送他去。由于是老校区，宿舍楼的条件很差，我有点心疼地说："都怪妈妈，偏偏不让你读浙大。"

他说："我是来学习的。一个人既要能享受富贵，又要能坦然面对困境，这才是幸福的能力。妈妈，这些话不都是你说的吗？"想起他高考前最后一次回校路上说："妈妈，我选专业不是为了找一份工作，而是为了一份事业，一份可以用一生去追求、不论成败的事业。"说实在的，我很开心，孩子已经很好地确立了自己的价值观和人生观，作为母亲由衷地感到放心。

就在不久之前，我边修改父亲的回忆录《是那山谷的风》，边对儿子说："你外公一辈子跑遍了祖国的大江南北，工作辛苦，环境恶劣，为地矿事业做出了很大的贡献。如今年迈了，他没有一点后悔，心里全是满足。你觉得呢？""我好羡慕可以有这样的人生！"他的回答既在意料之外又在情理之中。

我想，**和孩子一起探讨人生的意义和态度是家长应尽的责任，知识的教育可以交给学校，观念的教育更多的在于家庭。**"你想要的生活是怎样的？”“你认为谁的人生是你的榜样？”“遇到困难了你会怎么办？”尽管这些问题很大，但它们影响着我们的生命。

心有多大，世界就有多大。这里的“心”可以说指的就是观念。心至，路至。路随心而动，向远方延伸。**三观决定了人的高度和深度，人生无非就是这几个基本观念的脚注。**

方法与观念始终结合在一起，连续互相作用进而推陈出新。对方法进行整体研究进而提供方法论，是哲学的重要任务。哲学提供所有知识背后共同的知识，所有方法之上共同的方法，哲学理所当然构成了思维能力提升的出发地。因此，**多读点哲学书，多学习一些哲学知识，多把握一点哲学方法，这是提升思维能力较高效、较科学的通道。**

4 沉浸式儿童思维教育：培养孩子三观的四个关键词

《礼记·大学》有云：“大学之道，在明明德，在亲民，在止于至善。”

“弘扬高尚的德行，关爱人民，达到最高境界的善”，无不体现出古人在育人中对价值观念培育的高度重视。

对于孩子，世界观、人生观和价值观的确立是最重要的，这恰恰也是家长义不容辞的、光荣而艰巨的责任。父母对孩子最好的教育，就是帮助孩子培育正确的观念并帮助他们不断成长。

具体而言，体现为由四个关键词构成的四句话：

第一句：以身作则、潜移默化、言传身教是第一原则。——自己

家庭是孩子的第一所学校，父母是孩子的第一任老师，父母的一言一行直接影响到自己的孩子。

如果父母事事要求自己遵守社会公德，做一个拥有善良、诚信等优秀品质的人，那么你的孩子会直接受到熏陶并向你看齐，并且你也可以要求孩子这么做。如果生活中你父母有一些说脏话、贪小便宜等不好的习惯，孩子也可能会受到影响。所以，作为家长，要求孩子做到的，自己要先努力做到。

第二句：家长带着孩子积极参加各种有意义的活动，引导孩子对精神和价值的追求。——活动

比如，家长可以带着孩子参加社会公益活动，让孩子去做志愿者等，让孩子亲身体验奉献所带来的幸福感、精神之愉悦感以及价值所创造的崇高感，明白人生不只有物质，人生的意义更在于超越物质，并创造自身的价值。

第三句：家长与孩子一起读书，养成爱读书的好习惯。——读书

“授人以鱼不如授人以渔”，要教会孩子自主学习。在读书的过程中，孩子可以增长知识，开阔眼界，渐渐地找到自己喜欢的兴趣和方向，养成自觉读书、独立思考的好习惯，这样也有利于孩子性格的塑造和个人价值观的养成。

书本不仅是传授知识的，更是传播文化与精神价值的。在读书的过程中，孩子自然会萌生对理想、正义、责任等价值的追求。

在各类好书中我首推名人传记。**优秀的传记文学作品，具有其他书籍不能替代的认识价值和教育功能。**例如海伦·凯勒的《假如给我三天光明》、林语堂的《苏东坡传》、罗曼·罗兰的《名人传》、沃尔特·艾萨克森的《史蒂夫·乔布斯传》等，都是经典的作品。

第四句：通过讲故事、听故事培育孩子对真善美的追求。——故事

故事始终伴随着孩子童年的成长，故事中的点点滴滴可以为孩子健康的三观建立播撒下种子。那么，如何听妈妈讲故事呢？

听妈妈讲故事五步法：

第一步，仔细听故事→关键词：听故事→培养专注力；

第二步，让孩子复述故事→关键词：复述故事→培养记忆力和表达能力；

第三步，让孩子提炼故事的意义→关键词：概括道理→培养概括能力；

第四步，让孩子联系生活中的经历和感受谈谈道理，拓宽认识→关键词：分析道理→培养举一反三寻找事物之间联系的思考力；

第五步，结合自身说说对自己的启发以及接下来做点什么→关键词：落实道理→培养实践能力。

整个过程都需要妈妈耐心和用心地启发哟！下面举个例子：

小马过河的故事

第一步，听故事。

小马和他的妈妈住在绿草茵茵的十分美丽的小河边。除了妈妈过河给河对岸的村子送粮食的时候，他总是跟随在妈妈的身边寸步不离。他生活得很快乐，时光也飞快地过去了。

一天，妈妈把小马叫到身边说：“你已经长大了，可以帮妈妈做事了。今天你把这袋粮食送到河对岸的村子里去吧。”小马高兴地答应了。他驮着粮食飞快地来到了小河边，可是河上没有桥，他可能需要自己蹚过去。

可是，这河水到底有多深呢？犹豫中的小马一抬头，看见了正在不远处吃草的牛伯伯。小马赶紧跑过去问道：“牛伯伯，那河里的水深不深呀？”

牛伯伯挺起他那高大的身体笑着说："不深，不深，才到我的小腿。"

小马高兴地跑回河边准备蹚过河去。他刚一迈腿，忽然听见一个声音说："小马，小马，别下去，这河可深啦！"小马低头一看，原来是小松鼠。小松鼠翘着她漂亮的尾巴，睁着圆圆的眼睛，很认真地说："前两天我的一个伙伴不小心掉进了河里，河水就把他卷走了。"

小马一听没主意了。牛伯伯说河水浅，小松鼠说河水深，这可怎么办呀？他只好回去问妈妈。马妈妈老远看见小马低着头驮着粮食回来，心想他一定是遇到困难了，就迎过去问小马怎么回事。小马哭着把牛伯伯和小松鼠的话告诉了妈妈。妈妈安慰小马说："没关系，咱们一起去看看吧。"小马和妈妈又一次来到河边，妈妈这回让小马自己去试探一下河水有多深。

小马小心地试探着一步步蹚过了河。噢，他明白了，河水既没有牛伯伯说的那么浅，也没有小松鼠说的那么深，这只有自己试过才知道。小马深情地向妈妈望了一眼，心里说："谢谢你，妈妈。"然后他转头向村子跑去。

第二步，复述故事。

第三步，概括道理：独立思考，勇于实践。

第四步，分析道理：凡事需要独立思考，不能仅仅听信别人。很多道理只有自己亲身经历了才会懂得。很多事只有自己亲身做过了，才懂得艰辛和幸福。可以结合学习、生活各个方面展开说说对这个道理的理解。

第五步，落实道理。"我之前玩积木的时候总是会偷偷跟着旁边的小朋友搭，现在我觉得在动手之前我自己可以好好想一想自己想搭什么。我总是会羡慕其他搭得特别好的小朋友，其实我自己没有努力试过怎么知道不行呢？可能我也可以做到……"这些话都说明孩子在反思自己，看到自己存在的不足并打算改正。这便是故事的真正价值。

听妈妈讲故事五步法是很实用和有效的哟！我们今天临睡前就用起来吧！